결국은 인간관계

결국은 인간관계

초판 1쇄 발행 2023년 6월 30일

지은이 조관일
펴낸이 정성욱
펴낸곳 이정서재

편집 정성욱
마케팅 정민혁

출판신고 2022년 3월 29일 제 2022-000060호
주소 경기도 고양시 덕양구 무원로6번길 61 605호
전화 031)979-2530 | FAX 031)979-2531
이메일 jspoem2002@naver.com

ISBN 979-11-982024-3-7 (03320)

여러분의 소중한 원고를 기다립니다.
jspoem2002@naver.com

결국은 인간관계

조관일 지음

세상을 이기는 힘

이정
서재

"인간의 모든 고민은
인간관계에서 비롯된다."

'이 책은 우리가 살아가는 세상에서 꼭 필요한 인간관계에 대한 이야기입니다.

우리는 모두 다른 사람들과 함께 살아가며, 서로 다른 생각과 감정을 가지고 있습니다. 때로는 서로의 생각과 감정이 충돌하고, 어색한 상황이 생길 때도 있습니다. 하지만 우리는 그런 어려움을 함께 극복해나가며, 서로의 삶을 함께 나누는 것이 인간관계입니다.

인간관계는 우리의 삶에서 매우 중요한 역할을 합니다. 우리는 가족, 친구, 연인, 동료 등 다양한 사람들과 관계를 형성하며, 그 관계가 어떻게 이루어지느냐에 따라 우리의 삶의 질이 달라집니다.

이 책은 인간관계에 대한 이론적인 내용뿐만 아니라, 현실적인 문제와 해결책에 대해 다룹니다. 서로 다른 사람들과 어떻게 대화하고, 어떻게 의사소통을 하는 것이 좋은지, 그리고 갈등 상황에서 어떻게 대처하는 것이 바람직한지 등에 대해 알아볼 것입니다. 이 책을 통해 우리는 더 나은 인간관계를 형성하고, 보다 행복한 삶을 살아갈 수 있을 것입니다.'

세상을 바꾸고 있는 챗GPT에 '인간관계에 대한 책의 프롤로그를 써달라'고 했더니 저렇게 응답했다. 마치 이 책의 원고를 보고 머리말을 쓴 듯하다. 짧은 글이지만 인간관계에 관한 책이 담아야 할 모든 것을 제시하고 있다.

그래 맞다. 인간관계는 우리의 삶에서 매우 중요한 역할을 하며, 그 관계가 어떻게 이루어지느냐에 따라 우리의 삶의 질이 달라진다. 그런데 챗GPT가 등장할 정도로 세상이 화끈하게 변하고 있는데 우리네 인간관계에는 어떤 변화가 있을까? 인공지능, 메타버스, 코로나 팬데믹, 초연결사회, 비대면 단절의 시대 등, 눈만 뜨면 하루 사이에 세상이 급변함을 실감하는 요즘인데 인간관계는 과연 어떻게 달라졌을까? 정말이지 그것이 궁금하다. 뭐니 뭐니 해도 세상사의 가장 중요한 테마는 '인간관계'이기 때문이다.

● 인간관계의 트렌드 3가지

세상의 급변을 인간관계의 측면에서 바라보면 대충 세 가지 큰 흐름을 발견하게 된다.

첫째는 군중 속의 고독이다.

미국의 《뉴욕타임즈》는 일찍이 카네기 멜런 대학의 사회심리학 교수인 로버트 크라우트 박사의 연구결과를 발표하면서 인터넷이 인간관계의 황폐화를 초래할 것이라고 경고하였다. 그동안 인터넷은 인간의 고독감을 해소할 수 있는 유용한 도구가 될 것으로 이해되어 왔다. 왜냐하면 E메일과 SNS를 통해 전 세계 사람들을 대상으로 다양한 의사소통과 정보교환을 할 수 있다고 믿기 때문이다.

그러나 크라우트 박사가 피츠버그 지역 대학생 등 169명을 대상으로 2년에 걸쳐 '인터넷 사용이 감정에 미치는 심리적 영향'을 집중 분석, 연구한 결과는 반대로 나타났다. 즉, 1주일에 인터넷을 1시간 사용하는 경우, 직접 사귀는 사람들의 수는 줄어드는 대신에 우울증의 강도와 고독감 지수는 높아지는 것으로 나타나 인터넷이 심리적인 행복감을 오히려 저하시키는 작용을 한다는 것이다.

이러한 결과가 나온 이유는 네티즌들의 인터넷 이용시간이 늘어날수록 가족이나 친구들과 대화하는 시간이 줄어들기 때문이다. 크라우트 박사는 "E메일이나 채팅을 통한 사이버 대화에서는 얼굴을 서로 마주보고 하는 일상적인 대화에서 느낄 수 있는 심리적 안정감과 상호의존 등 따뜻한 정을 느낄 수 없다."고 지적했으며 "사이버 대화는 사람들 간의 끈끈한 유대관계를 가져올 수 없는 것 같다"고 분석하였다.

결론적으로 인터넷의 발달은 지구촌 곳곳에 수많은 친구를 갖게 함으로써 인간관계를 폭넓게 해주는 반면에 그럴수록 우울함과 고독에 시달리는 결과를 초래하는 것이다. 군중 속의 고독인 것이다.

두 번째는 역설적이게도 한편으로는 고독하면서 한편으로는 적당한 거리두기와 인맥다이어트를 한다는 흐름이다.

얕은 관계로 우울함과 고독을 느끼면서도 섣큼 사람들과의 관계를 확대하지 못한다. 사람으로 인한 피로감이 싫기 때문이다. 그러니까 자연스럽게 적당히 거리를 두고 사람과의 관계를 스스로 좁히려는 것이다.

인터넷의 발달, 휴대전화의 대중화로 사람과 사람 간의 대면접촉이 줄어듦으로써 개별화는 심화되었고 코로나 팬데믹 같은 전염병의 위험은 인간관계의 단절 현상을 급속히 확대시키는 결과를 낳게 되었다.

인간관계에 거리를 두고 더 나아가 담을 쌓는다는 것은 자기만의 세계를 구축함을 의미함과 아울러 인간관계에 극도로 예민하게 반응함을 뜻한다. "인터넷시대의 신新인간들은 모든 인간관계에서 상처받지 않으려는 성향을 강하게 나타낸다. 인간관계로부터 상처받기 싫어서 남에게 아예 마음을 주려고 하지도 않고 상대방이 가까이 다가오는 것도 원치 않는다." 이것이 새로운 시대의 주목할 만한 현상이라고 전문가들은 우려하고 있다.

셋째는 선택과 집중이다.

적당한 거리두기와 인맥다이어트는 필연적으로 선택과 집중을 하게 된다. 김난도 교수는 『트렌드 코리아 2023』에서 신세대를 중심으로 한 인간관계가 인덱스 관계라고 하였다. 인덱스 관계의 특징 중 하나는 관계 관리이다. 사람들은 분류되고 선택된 관계에 인덱스를 붙이고 그것을 붙였다 뗐다 하면서 관계를 전략적으로 관리해 간다. 복잡한 관계 스펙트럼 속에서 많은 인간관계를 유지하려면 선택하고 색인을 붙이고 그것에 집중할 필요가 있게 된다. 불필요한 에너지를 들이지 않으면서도 서로가 부담을 느끼지 않는 선에서 영리하게 관계를 유지하는 전략이 필요하다. 관계 관리의 핵심이 바로 선택과 집중인데 인간관계의 새로운 흐름이 그렇다는 것이다.

⬤ 그럼에도 "결국은 인간관계"

그러나 아무리 세상이 변하고 인간관계의 트렌드가 바뀌어도 인간관계는 가장 절실한 현실의 문제다. 거리를 두고 인맥다이어트를 해도 고립해서 살 수는 없다. 단절의 시대라 해도 단절하고 살 수 없는 것이 바로 인간관계다. 어쩌면 단절의 시대이기에 그리고 선택과 집중의 시대이기에 인간관계의 중요성은 더 크다고 할 수 있다.

"태양 아래서 그 어떤 능력보다도 사람을 다루는 능력을 쌓기 위해 더 많은 노력을 하겠다"는 록펠러나, "인간의 모든 고민은 인간관계에서 비롯된다"고 한 심리학의 3대 거장의 한 사람인 알프레드 아들러, 그리고 미국의 경영학회가 방대한 조사를 통해 경영자의 중요한 능력으로서 정보, 결단력, 지식보다도 사람과 사이좋게 지내는 능력을 첫손에 꼽은 것도 인간관계의 중요성과 어려움을 잘 보여주는 것이다.

인간관계는 쉬운 듯 어렵고 까다롭다. 그러나 어렵고 까다롭다고 해서 피해갈 수는 없는 일이며 오히려 그러하기에 적극적으로 이 문제에 부딪혀야 한다. '인간관계 그 자체'인 사람은 이 세상에서 소극적으로는 살아남기 위해서, 그리고 적극적으로는 성공하기 위해서 타인과의 바람직한 관계수립에 나서야 한다.

나는 그동안 인간관계와 관련된 책을 3권 집필하였다. 1996년에 펴낸『인테크』, 2003년에 출간한『인간관계를 지배하는 9가지 법칙』, 그리고 2012년에 쓴『인맥도사가 된 탁구영』이 그것이다. 그러고 보니 10년쯤에 한 권씩의 책을 낸 셈이다. 이제 또 10년의 세월이 흘렀고 인간관계를 둘러싼 세상의 변화 역시 예사롭지 않아 시대에 맞게 혁신개정판을 내기로 하였다. 그동안 집필을 통해 또는 강의를 통해 주장하던 인간관계론의 완결판이라 해도 무방할 것 같다.

　아무쪼록 이 책이 복잡 미묘한 인간관계를 단순명쾌하게 정립하는데 도움이 되길 기대한다. 챗GPT가 언급한 대로 이 책을 통해 더 나은 인간관계를 형성하고, 보다 행복한 삶을 살아갈 수 있기를 바란다. 결국은 인간관계다.

2023년 6월

조관일

차례

1장 세상을 이기는 힘, 인간관계

2장 　 인간관계를 넘어 인맥으로

3장 사람을 이해하는 법과 갈등관리

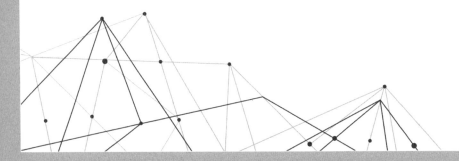

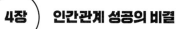

4장　인간관계 성공의 비결

"젊었을 때는 돈을 빌려서라도 훌륭한 인맥을 만들어야 한다. 물은 어떤 그릇에 담느냐에 따라 모양이 달라지지만, 사람은 어떤 친구를 사귀느냐에 따라 운명이 결정된다."

– 히구치 히로타로, 아사히 맥주 전 회장

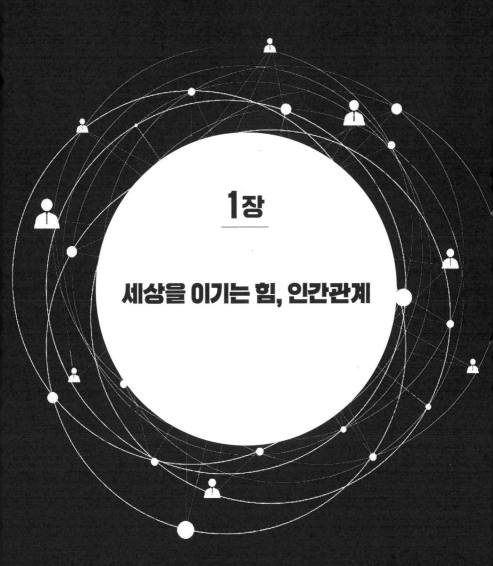

1장

세상을 이기는 힘, 인간관계

세상을 헤쳐 나가는 지혜
- 결국은 인간관계

세상살이가 복잡하다. 상시 위기의 시대를 살아간다. 복잡하고 위기감이 깃든 세상살이를 지혜롭게 사는 방법은 무엇일까? 세상을 이기는 힘은 어디서 나오는가?

한 번쯤, 지금까지 살면서 가장 큰 위기, 가장 힘든 일은 무엇이었는지 떠올려 보자. 그리고 다음 물음에 답해보자. 당신에게 닥친 위기의 상황에서 가장 필요했던 것은 무엇이었는가? 그리고 그것을 극복할 수 있었다면, 또는 극복할 수 없었다면 그것은 무엇 때문이었는가? 결론은 '사람'일 것이다. '누군가'의 도움이 절실했을 것이고, '누군가'가 있어서 이겨냈을 테니까.

좀 더 구체적인 경우로 따져보자. 직장 생활의 사활이 걸린 큰 프로젝트가 당신에게 부여됐다고 가정하자. 또는 과장에서 팀장으로 승진하기 위해 치열한 경쟁이 펼쳐지고 있다고 하자. 또는 불의의 사고를 당하거나 골치 아픈 심각한 문제에 봉착했다고 하자. 한마디로 인생의 '결정적 순간'일 수 있다. 그런데 자신의 능력에 한계를 느낀다. 이때에 우리는 무엇을 생각하게 될까? 도움의 손길, 즉 인맥을 떠올리게 된다. 이것이 인지상정이요, 경험론적 반응이다. 묵묵히 자기 일만 잘하면 승진이 된다고? 최선을 다하면 문제가 해결된다고? 정말로 그렇게 생각한다면 당신은 아직 멀었다.

　인간관계, 때로는 인맥이라는 이름의 특별한 인연!(이하, '인맥'과 '인간관계'는 특별한 경우가 아닌 한 구분하지 않고 같은 의미로 혼용한다) 그것의 중요성과 현실을 진단한 조사는 많고도 많다. 그중에서도 인간관계론의 신봉자들이 전통적으로 인용하는 연구는 미국 카네기 공과대학에서 발표한 것이다. 즉, 세상살이에 실패한 1만 명을 대상으로 무엇 때문에 실패했는지 그 이유를 조사했더니 전문지식이나 기술이 부족해 실패한 사람은 15%인데 비해 인간관계의 잘못에 원인이 있는 사람이 85%나 되더라는 것이다.

　우리라고 예외는 아니다. 인간관계가 성공의 절대적 요소임을 실감하게 된다. 인간관계, 특히 인맥이라고 하면 '연줄, 빽, 낙하산' 등이 연상돼 없어져야 할 것이라는 부정적 의견이 있음에도 불구하고 85% 이상의 직장인이 '인맥도 능력이며 따라서 당연히 관리해야 한다'고 대답했다. 취업포털 '사람인'이 조사한 결과는 더 놀랍다. '성공을 위한 인맥의 필요성'에 대해서 설문한 결과, 거의 모두라 할 수 있는 98.4%가 '성공하기 위해 인맥이 필요하다'고 답했으니까(한경닷컴, 2012. 5. 9, 직장인 평균 인맥수 男 29명, 女 17명 보유, 성공에 가장 도움을 줄 수 있는 인맥은?).

⬤ SNS시대, 인맥을 새롭게 보라

그동안 우리 사회에서 인맥이 부정적인 인상을 주었던 것은 우리 특유의 문화 때문이기도 했다. 서구의 이성적·합리적 인맥 활용이 아니라 감성적·비합리적인 인맥이 되고 그럼으로써 사회문제가 되곤 했던 것은 바로 우리의 인맥에 '정情'이 얽혀있기 때문이다.

고 이어령 선생은 『신한국인』에서 우리의 정 문화를 재미있게 해석했다. 그는 인간과 인간 사이에는 서로 결합시키고 끌어당기는 마음의 자석 같은 것이 있는데 우리는 그것을 정이라 했다. 서구사람들처럼 따져가면서 합리주의로 살아온 것이 아니라 오히려 합리성을 넘어선, 비합리주의에 가까운 정의 세계가 바로 우리 문화의 특징이라는 것이다.

이처럼 비이성적이라 할 수 있는 '정'을 중시하는 사회이다 보니 때로는 '그놈의 정 때문에' 공公과 사私를 구분하지 못하고 여러 가지 문제를 야기함으로써 인맥이라면 부정적 인상을 풍기는 경우가 많은 것이다.

자, 이제 인간관계에 대한 시각을 확실히 할 필요가 있다. 어차피 지금은 네트워크 시대다. 다른 정보를 가지고 있는 사람들끼리 서로의 정보를 교환함으로써 정보의 가치를 높이는 것이 바로 네트워크 사회의 기본구조인데, 소셜네트워크서비스SNS 시대가 활짝 열림으로써 혈연·학연·지연을 뛰어넘는 광범위한 인간관계가 강조되는 시대다. 이런 시대에 적응하려면 나름의 인적 네트워크를 형성하고 관리해야만 한다.

인간관계를 강조하면 자신의 실력과는 상관없이 연고를 통해 비합리적으로 문제를 해결하는 것으로 생각하지만 그게 아니다. 관계를 맺고 있는 사람 중에 가장 적절한 사람을 통해 세상살이의 효율을 높이자는 것이다. 좋은 인맥들의 강점을 내 것으로 흡수해 보자는 것이다. 인간관계를 잘 형성하고 잘 활용하는 적극성과 지혜를 발휘하자는 것이다. 독야청청 독불장군으로는 세상에 적응할 수도 없고 험난한 세상을 헤쳐 나가기도 힘들다. 인간관계는 확실히 세상을 이기는 지혜요 힘이다. 그것이 SNS로 대변되는 네트워크 시대의 인간관계에 대한 새로운 인식이요 접근법이다.

어차피 필요상종이다
- 당신은 필요한 존재인가?

'사회를 이루는 근본요소는 사람들의 동류의식同類意識'이라는 말이 있다. 즉, 사회는 그 구조상 어떤 범주로 묶이거나 분리되면서 돌아가는데 그 근본은 동류의식이라는 것이다. 동류의식이라는 개념은 미국의 사회학자 F.기딩스가 그의 책 『사회학 원리 : The Principles of Sociology』에서 주창한 것으로 그는 이것이 사회적 행위의 원인이 된다고 했다. 일반적으로 일정한 사회계층·집단 등에 공유되는 의식을 말하며, 통속적으로 쉽게 표현하면 '한패의식' '끼리끼리'라 할 수 있다.

그의 말이 아니더라도 사람들은 공통된 생각과 연관을 가진 사람들끼리 계층과 집단을 형성하려고 한다. 그래서 동일계층 집단

내의 사람들끼리는 서로 융합하기가 쉬워 인간관계의 형성이 용이하나, 계층·집단이 다를 때는 서로 반목하거나 인간관계 형성에 장애를 일으킨다. 이를테면 유유상종類類相從이다.

'유유상종'이라는 말의 유래에 대해는 『주역周易』의 〈계사繫辭〉 상편에서 비롯됐다는 설이 있다. 거기에 '방이유취 물이군분 길흉생의方以類聚 物以群分 吉凶生矣', 즉 '삼라만상은 그 성질이 유사한 것끼리 모이고, 만물은 무리를 지어 나뉘어 산다. 거기서 길흉이 생긴다'는 구절이 나오기 때문이다.

이와 관련된 고사가 전해진다. 춘추전국시대에 제齊나라의 선왕宣王은 순우곤淳于髡에게 지방에 흩어져 있는 인재를 찾아 등용하도록 했다. 며칠 뒤에 순우곤이 일곱 명의 인재를 데리고 나타나자 선왕이 "귀한 인재를 한 번에 일곱 명씩이나 데려오다니, 너무 많지 않은가?"라고 묻는다. 그러자 순우곤이 말했다. "같은 종의 새가 무리지어 살 듯, 인재도 끼리끼리 모입니다."(네이버 백과사전 참고)

🌗 달라진 끼리끼리의 의미

그렇다. 사람들은 끼리끼리 교류하고 끼리끼리 모인다. 유유상종이요 초록동색草綠同色이다. 원래 '끼리끼리'나 '유유상종'이라는 말은, 같거나 비슷한 신분과 계층의 사람들끼리 어울리는 것을 일컫는 것이다. 옛날에는 사회구조가 그랬으니까 그럴 수밖에 없었다.

그러나 신분과 계층의 벽이 허물어지고 교류의 폭이 무한대로 확장된 오늘날에 있어서는 '끼리끼리' 문화가 사라졌을까? 결코 그렇지 않다. 끼리끼리의 의미가 달라졌을 뿐이다. 전통적 의미의 끼리끼리는 학연, 혈연, 지연 그리고 신분과 계층에 따른 구분이었지만 이제는 그런 집단적 경계를 넘어 '필요'에 따른 끼리끼리가 됐다. 목적 중심이라는 말이다. 이를테면 '필요상종必要相從'이다. 즉, '필요에 따라 서로 교류하고 가깝게 지낸다'는 의미이다.

상호 도움이 되고 필요의 가치가 있으면 신분이니 계층이니 하는 것은 고려의 대상이 아니다. 나이의 많고 적음도 상관없고 국경이나 인종도 초월한다. 바로 그 점에서 누구든지 인간관계의 대상이 될 수 있다.

필요 가치에 따라 사람을 사귄다고? 이거 너무 살벌한 것 아니냐고 반문할 수 있다. 그러나 따지고 보면 신분과 계층에 따라 끼리끼리 어울리는 것보다는 훨씬 진화된 것이며 합리적이다. 어차피 사람은 필요에 따라 관계를 맺는 것이니까.

'필요'란 '도움'과 동의어다. 따라서 상대가 도움을 주거나 줄 수 있다고 예상된다면 누구라도 인간관계를 형성하고 인맥이 될 수 있다. 거꾸로 생각한다면 당신이 누구에겐가 도움을 줄 수 있을 때 당신은 상대의 인간관계 대상으로 높은 점수를 받을 수 있다는 말이 된다. 당신은 무엇으로, 어떻게 도움을 줄 수 있는 사람인지 생각해보자.

> "나는 사랑하는 사람들과 깊고 내밀한 관계를 가지기 위해 많은 시간과 에너지를 투자할 것이다. 당신은 어떤가? 소중한 사람들과의 관계를 위해 많은 시간과 에너지를 투자할 의향이 있는가? 당신의 애정과 관심이 필요한 사람이 있는가? 가깝고도 소중한 사람이라고 여기는 사람이 있는가? 인간관계를 보다 깊게 가지기 위해 배워야 할 새로운 기술은 무엇인가?"
>
> – 쉐럴 리처드슨, 『나는 좀 더 이기적일 필요가 있다』 중에서

결국은 **인간관계**

인터넷의 역설
– 날이 갈수록 심해지는 관계지향

영악스럽게도(?) 요즘 사람들은 '필요성'으로 상대의 가치를 따진다. 그래서 누가 나에게 도움이 될 것인지 유심히 따져보고 평가한다. 그러고는 누군가가 필요가치가 있다고 판단되면 보다 더 끈끈한 관계를 유지하려고 한다. 계산적이고 정치적이다. 그러기에 적도 없고 동지도 없다. 적이라도 필요가치가 있으면 동지가 되고 동지라도 필요가치가 없으면 단절된다. 얍삽하지만 그게 현실이다.

세월이 흐르고 세상이 발달할수록 사람들은 점점 더 필요가치에 따라 사람을 평가하고 관계를 맺으려 할 것이다. 그 기준에 따라 인간관계를 형성하려 할 것이다. 세상살이가 복잡해지면서 혼자 해결할 수 있는 영역은 상대적으로 줄어들기 때문이다. 즉, 누군가의 도움이 필요하다는 말이다.

예전에는 인간관계의 개념과 폭이 비교적 단순했다. 혈연 · 학연 · 지연 그리고 직연(직장 · 직업의 인연)이 고작이었다. 그러나 지금은 다르다. 세상이 훨씬 복잡 다양해진 만큼 인간관계 역시 다양해졌다. 그 결정적인 변화의 요인이 바로 인터넷이다. 인터넷을 통해 지구 반대편의 얼굴도 모르는 사람과도 연緣이 닿는다. 인간관계의 폭이 상상을 초월할 정도로 확대되었다. 그만큼 인간관계가 복잡 다양해질 수밖에 없다.

반면에 요즘을 일컬어 극개인주의極個人主義시대라 한다. 지독한 개인주의라는 말이다. '혼자서 제 잘난 멋에 사는' 세상이다. "인터넷시대의 신新인간들은 모든 인간관계에서 상처받지 않으려는 성향을 강하게 나타낸다. 인간관계로부터 상처받기 싫어서 남에게 아예 마음을 주려고 하지도 않고 상대방이 가까이 다가오는 것도 원치 않는다. 이것이 밀레니엄 세대의 주목할 만한 현상"이라고 전문가들은 말했다.

● 극개인주의가 낳은 관계지향의 역설

그런데 이상하지 않은가? 인간관계로부터 상처받지 않으려는 극개인주의 시대라면서 한편으로는 인간관계의 폭이 확대되고 있다는 사실이 말이다. 사람들은 왜 남들로부터 간섭받기 싫어하면서 동시에 남들과 광범위하게 교류하려 할까? 왜 소셜네트워크SNS를 통해 수많은 사람과 연결 지으려고 할까? 왜 SNS에 열광하고 그것에 푹 빠질까? 모순 아닌가? 이건 확실히 역설적이다.

이 역설적인 의문의 해답은 인간의 '고독'과 관계가 있다. 남들로부터 간섭받지 않으려는 것은 좋지만 결과적으로 고독한 상태를 몰고 오는 것이다. 인터넷과 SNS의 사용은 그 고독감의 발로다.

카네기 멜런 대학의 로버트인 크라우트 박사가 피츠버그 지역 대학생들을 대상으로 2년에 걸쳐 '인터넷 사용이 감정에 미치는 심리적 영향'을 집중 분석, 연구한 결과가 그것을 말해준다. 즉, 인터넷을 사용할수록 직접 사귀는 사람들의 수는 줄어드는 대신에 우울증의 강도와 고독감 지수는 높아지는 것으로 나타났다.

사람은 고독하면 둘 중의 하나를 선택한다. 점점 더 고독을 향해 질주하거나 아니면 더 많은 사람을 찾아 나선다. 이런 상황에서 복잡한 절차와 요령이 없이도 전 세계의 사람들과 교차인맥을 맺으며 폭발적으로 사람을 사귈 수 있는 도구가 있다. 바로 트위터나 페이스북으로 대표되는 소셜네트워크SNS가 그것이다.

SNS에 푹 빠지는 이유는 다름 아닌 '고독' 때문이다. 외롭기 때문이다. 사람에 대해 더 알고 싶고 누군가로부터 관심과 사랑을 받고 싶으며 위로 받고 싶어서이다. 그러기에 사람들은 독백처럼 글을 올리고 누군가의 반응을 기다린다. 응원하는 댓글을 올려주고 '좋아요'라고 클릭해주기를 갈망한다. 댓글이 없거나 '좋아요'라는 반응이 없으면 세상에 나 혼자 남겨진 것 같은 외로움을 느끼고 그럴수록 더 많은 친구를 찾아 나선다. 그리고는 자기의 네트워크를 자랑하고 싶어 한다. "나는 누구와 인연을 맺고 있다"고 과시하려 한다. 그를 위해 더 많은 사람과 친교를 맺고 싶어 하는 것이다.

다시 말하면, 외롭기에 더 많은 네트워크를 맺으려 하고 그것이 또 다른 고독, 마치 군중 속의 고독 같은 심리상태를 형성함으로써 또다시 네트워크를 확대하려고 하는 사이클을 보여주는 것이다. 한편으로는 '관계'의 피로감을 회피하려고 하면서 다른 한편으로는 날이 갈수록 심해지는 관계지향, 이것이 바로 '인터넷의 역설' 'SNS의 역설'이다.

MZ세대의 인간관계는 다르다고?
– 기본은 변하지 않았다

디지털 시대의 획기적인 발전은 우리들의 생활 방식에 급격한 변화를 몰아왔다. 그중의 하나가 우리의 삶에서 가장 중요한 인간관계의 패러다임을 변화시킨 것이요, 그 중심에는 MZ세대가 자리하고 있다.

전통적인 인간관계의 패러다임은 혈연, 지연, 학연, 직연을 바탕으로 대면하거나 전화 또는 문자 메시지를 통한 소통으로 인연을 확대하고 관리하는 것이다. 반면에 요즘의 패러다임은 그것을 훌쩍 뛰어넘는다. 소통의 매체가 크게 확대되고 진화하면서 관계 맺기의 본질이 바뀌었다. 다양한 SNS를 통해 불특정 다수와 소통하며 관계를 맺는 시대가 된 것이다.

예전에는 소수의 사람들과 진한 우정이나 깊은 인연을 쌓아가고 관리하는 것이 통상적인 관계 맺기였다면 요즘의 신세대는 인친(인스타그램 친구), 페친(페이스북 친구), 트친(트위터 친구), 실친(동네에서 만나는 실제 친구)까지 다양한 채널로 인간관계를 맺는다. 이러한 관계 맺기를 김난도 교수는 『트렌드 코리아 2023』(미래의창, 2022)에서 인덱스 관계Index Relationship라고 이름 붙였다.

⬤⬤ MZ세대 인덱스 관계의 특징

김난도 교수는 인덱스 관계의 첫 번째 유형으로 목적관계를 꼽았다. 분명한 목적을 가지고 인간관계를 형성하는 유형이다. 목적관계란 앞에서 언급한 '필요상종'과 같은 맥락이다. 예전의 전통적인 인간관계라고 해서 목적관계가 없었던 것은 아니다. 동창회도 목적관계요 향우회도 그렇다. 그러나 그것은 학연이나 지연에 따라 자연스럽게 형성되는 목적관계다. 그런 경우가 아니더라도 어떤 계기로 사람들을 알게 되고 교류하다보면 관계를 더욱 견고히 하기 위해 무슨 모임을 만드는 경우가 대부분이었다.

그러나 MZ세대를 비롯한 요즘의 신세대는 사람과의 관계를 긴밀히 하기 위한 목적으로 일을 도모하는 것이 아니라, 어떤 일을 도모하는 가운데 인간관계가 확장되는 것으로 순서가 바뀌었다. 분명한 목적을 가진 상태에서 인간관계가 형성된다는 말이다. 한마디로 목적이 관계보다 우선하는 것이 인덱스 관계다.

인덱스 관계의 두 번째 유형은 랜덤 관계라고 한다. Random 이란 '임의의', '무작위의', '무계획적인', '닥치는 대로'라는 뜻을 가진 영어다. 또한 '랜덤하다'라는 것은 보통 어떠한 사건이 규칙성이 보이지 않고 무작위로 발생한다는 것을 의미한다. 원래 잘 안 쓰이던 용어였는데, 요즘 들어 그 쓰임이 활발해졌다. 랜덤 관계란 낯선 타인과의 우연한 만남을 의도적으로 만들어 냄으로써 관계를 확장하는 방법이다. 예를 들면 온라인상에서의 '번개팅' 같은 것이다. MZ세대의 랜덤 관계는 한순간을 즐기는데 초점을 둔다고 한다.

마지막으로 인덱스 관계의 특징으로 꼽을 것이 '관계 관리'다. 사람들은 분류된 관계에 붙인 인덱스를 붙였다 뗐다 하면서 그 사이를 전략적으로 관리해 간다는 말이다. 복잡한 관계 스펙트럼 속에서 수많은 인간관계를 유지하려면 불필요한 에너지를 들이지 않으면서도 서로가 부담을 느끼지 않는 선에서 영리하게 관계를 유지하는 전략이 필요하다. 그러므로 관계 관리의 첫 단계는 관계를 정리하는 것부터 시작한다. 그 정리의 기준은 부담이 되지 않아야 한다는 것이요, 집단보다는 사생활을 중시한다는 것이다. 그러기에 친밀한 관계와 적당한 거리두기를 적절히 관리하게 된다.

너무 친밀하고 끈끈한 관계가 되면 아무래도 사생활을 희생하거나 양보하게 되는 수가 나타나는데 그것을 꺼리는 것이다. 기성 세대로서는 다소 이해하기 힘든 면이 있지만 젊은 세대들의 인간관계가 어쩌면 매우 현실적이고 합리적이라 할 수 있겠다.

이렇듯 인간관계의 패러다임이 변한 것은 분명하다. 요즘의 젊은 세대의 인간관계를 보면 김난도 교수의 지적은 옳다. 그럼에도 한 가지 변하지 않은 것이 있다. 그것이 인덱스 관계든 랜덤 관계든 간에 인간관계가 세상사에서 매우 중요하다는 사실만은 그대로라는 점이다. 그렇지 않은가? 접근 방식이 다르고 목적 지향이 달라졌을 뿐 사람의 중요성, 관계의 중요성은 여전하다는 사실이다. 그리고 사람의 마음을 사는 방법 또한 달라진 것이 별로 없다는 점이다.

어쩌면 그것이 1936년에 출간된 데일 카네기의 『인간관계론』이 90년 가까이 세월이 흘렀음에도 전 세계적으로 6,000만 부나 판매되며 인간관계의 바이블로 명성을 계속 이어오는 이유일지 모른다.

스펙트럼이 다양하고 복잡해졌을 뿐 '기브 앤드 테이크'라는 전통적 인간관계의 방정식은 하나도 변하지 않았다. 인간관계란 원래 그런 것이니까.

인맥다이어트를 하겠다고?
- 인맥근육을 키워라

동아일보에서 20~29세 청년 1,000명을 대상으로 친구관계를 알아보는 설문을 실시했다. 그 결과에 따르면 SNS 친구가 '100명 이상'이라고 답한 응답자가 약 62%를 차지했는데 '진짜 친구는 몇 명이나 되느냐'는 질문에는 평균 4.99명이라고 답했다.

하긴 나의 경우만 보더라도 페이스북에 친구로 이름을 올린 사람은 4천여 명에 달하지만 막상 그중에서 나의 인맥이라고 할 수 있는 사람은 몇 명이나 될지 모르겠다. 아주 소수다. 이는 당신의 경우도 마찬가지일 것이다.

거꾸로 말하면 우리는 쓸데없이 많은 사람과 관계를 맺고 있다는 말이 된다. 그것을 자각했는지 요즘 '적당한 거리두기'와 '인맥다이어트'라는 말이 유행이다. 영양가 없는 인간관계를 형성하느라 에너지를 낭비할 필요가 없다는 이야기다.

구인 · 구직 매칭 플랫폼 '사람인'이 성인남녀 4,013명을 대상으로 조사한 결과를 보면 응답자 의 86.1%가 인간관계에 피로감을 느낀 경험이 있다고 답했다. 그러므로 75.1%가 '인맥다이어트가 필요하다'고 했으며 53.7%가 실제로 인맥 다이어트의 '경험이 있다'고 밝혔다. 페이스북을 하다보면 가끔 "연락이 없는 친구들을 정리하겠습니다"라는 메시지를 올리는 사람이 있다. 이것이 바로 인맥다이어트의 한 예다.

그런데 조금 생각을 깊이해보면 인맥다이어트란 잘못된 표현임을 알게 된다. 관계와 인맥의 헷갈린 표현이기 때문이다. 정확히 말한다면 인맥다이어트가 아니라 관계다이어트라고 해야 맞다. 인맥은 구태여 다이어트할 필요가 없으니까. 감당할 수 있는 한 많을수록 좋은 것이니까 말이다.

앞에서 예를 든 동아일보의 설문 결과를 놓고 말해보자. SNS 친구 중 진짜 친구는 4.99명이라고 했는데 이것이 바로 인맥이요 그것을 다이어트할 이유는 전혀 없는 것이다. 그냥 '관계'를 맺고 있는(위에서 100명 이상) 사람들 중에서는 옥석을 가려 당연히 다이어트를 해야 한다. 다시 말해서 인간관계란 선택과 집중의 문제다.

댄싱스네일은 그의 책 『적당히 가까운 사이』에서 인간관계의 '미니멀리스트minimalist'가 되라고 조언한다. 저자는 "선택과 집중이 무엇보다 중요한 세상이다"라며 "지지부진한 관계를 여럿 두고 우물쭈물하기보다는 인간관계 미니멀리스트가 되는 편이 더 낫지 않을까?"라는 질문을 던진다. 중요하지 않은 인간관계를 유지하지 말고 과감하게 정리하라는 것이다(가천대 신문, 2021. 8. 30).

선택과 집중이라는 면에서는 동의하지만 꼭 미니멀리스트가 될 이유는 없다고 본다. 미니멀리스트를 추구하는 것이 요즘 신세대의 특성이요 트렌드임은 맞지만 나는 의견을 달리한다. 단순히 다이어트를 할 게 아니라 거꾸로 인맥의 근육을 키워야 한다. 자칫 다이어트에만 집중하다보면 골병이 들 수 있다. 쓸데없고 거추장스런 뱃살과 내장지방을 빼버리고 탄탄한 근육으로 바꿔야 한다. 그러니까 '적당한 거리두기'보다는 '적당한 거리 가깝게'로 바꿔야 하며 다이어트보다는 근육강화로 목표를 바꾸자는 말이다.

물론 인간관계의 피로감 때문에 다이어트하고 싶은 생각이 있을 거다. 그건 사실 영양가 없는 너절한 관계 때문이다. 관계를 맺고 있는 사람들 중에서 오히려 인맥으로 끈끈한 관계로 발전시키는 것은 어떨지 생각을 바꿔볼 필요가 있다. 역발상이다.

⬤◗ 역발상 트렌드

신문이나 방송, 또는 인간관계를 다룬 책들에서 적당한 거리두기, 인맥 다이어트 따위의 이야기를 많이 한다. 요즘 트렌드가 그렇다고. MZ세대가 그런다고. 그렇잖아도 요즘 트렌드라는 말이 대유행이다. 연초가 되면 트렌드에 대한 책이 쏟아져 나온다. 사실인지는 알 수 없지만 단행본으로 트렌드 책이 이렇게 많이 나오는 시장은 전 세계에서 우리나라밖에 없다는 이야기도 있다. 뿐만 아니라 이제는 트렌드와 트렌드 책, 어느 것이 먼저 생겨나는지 분간하기조차 어렵다는 우스갯소리도 있다.

그러니 중심을 잡아야 한다. 트렌드가 그렇다니까 우르르 쏠려서는 안 된다. 물론 세태를 이해하는 데는 도움이 된다. 그러나 "남이 장에 간다고 하니 거름 지고 나선다"는 속담대로 행동할 이유는 없다. 트렌드 운운하며 열풍이 분다니까 괜히 휩쓸려서는 안 된다. 생각을 곰곰이 해 볼 필요가 있다. 생각을 바꿔야 길이 보인다.

서점에서 『역발상 트렌드』라는 책을 본 적이 있다. 내용이 아니라 제목을 말이다. 제목만 봐도 어떤 내용인지 감이 잡힐 것이다. 트렌드를 쫓는 대신 자신의 신념에 따라 행동할 필요가 있다는 메시지다.

남들이 적당한 거리두기를 한다니까, 다이어트 열풍이라니까 의식 없이 쫓아가지 마라. 과연 다이어트할 정도의 인맥이 있는지부터 점검해볼 일이다. 정말로 소중한 인맥이라면 다다익선일 테니까.

아는 사이와 인맥의 차이

인간관계를 맺고 있다고 해서 모두가 인맥은 아니다. 쉽게 말해서 그냥 아는 사이와 인적 네트워크는 분명히 다르다. 그럼 인간관계 중에서도 어떤 수준의 관계가 돼야 인적 네트워크, 즉 인맥이라고 할 수 있을까? 다음의 7가지가 그 기준이 된다.

1) 내가 그 사람의 인맥이라 할 수 있는가?
2) 신뢰가 형성되어 있는 관계인가?
3) 불편함이 없이 도움을 요청할 수 있는가?
4) 오랜만에 연락해도 편안한가?
5) 추억이나 경험이 공유되는 관계인가?
6) 친하다는 인식이 있는가?
7) 사회적 연결고리가 분명한가?

인간관계를 하는 이유
- 목표·목적부터 확실히 하자

인간관계를 잘하자고? 인맥을 형성하고 잘 관리하라고? 어떻게 하면 될까? 그 방법은 많고도 많다. 누구든 자기의 경험을 바탕으로 한마디 주장을 하면 말이 되고 인간관계의 이론이 된다. 인간관계에 적용될 논리는 무궁무진하기 때문이다. 그래서 인간관계를 논한 사람과 책은 부지기수다.

그러나 사실 그 내용을 살펴보면 거의 다 아는 이야기다. 상식적이다. 기발한 방법이 있을 수 없다. 당신이 지금까지 사람들과 어울리며 살아왔기에 이미 경험해봤거나 간접경험으로 알고 있는 요령이다. 물론 이 책에서 내가 주장하는 것도 그 범주를 벗어나기 힘들다.

문제는 요령이나 기법이 아니다. 정말 '인간관계를 잘 해볼 것인가 아닌가' '인맥관리를 할 것인가 말 것인가' 그것이 문제의 핵심이다. 그 방침이 확고하고 목표가 분명하면 요령이나 기법은 당신 자신도 얼마든지 만들어낼 수 있다. 그것이 인간관계나 인맥관리의 특수성임과 동시에 일반성이다.

'좋다. 이제부터 인맥관리를 철저히 하겠다'라고 결심한다면 그때부터 세상사 모든 것이 인맥관리와 연결돼 생각될 것이다. 인간관계에 대한 책을 읽어도 머리에 쏙쏙 들어오고 그것에서 한 걸음 더 진화된 기법을 당신이 창안해낼 수 있다. 즉, 인간관계에 뜻을 세우면 그것에 도달하는 길이 열리게 마련이고, 반면에 아무리 인간관계가 세상살이에 중요하다고 하더라도 체질에 맞지 않고 하기 싫으면 그만이다.

그래서 인간관계에 대한 온갖 이론과 사례를 말하기 전에 먼저 목표, 목적부터 명확히 하기를 권한다. 그래서 이 책 역시, 제한된 지면에 인간관계에 관한 모든 이론을 담으려는 것이 아니라, 당신으로 하여금 '인간관계를 제대로 하자' '인맥관리를 하자'는 결심을 이끌어내는 데 목적을 두고 집필했다. 그것을 설득하기 위해 중언부언 여러 이야기를 전개하는 것이다.

●● 무엇을 위한 인간관계인가

아무리 인간관계가 중요하다고 해도 '나는 그렇게 살지 않겠다' 고 한다면 그만이다. 사람마다의 성격이나 가치관, 상황에 따라 인 간관계를 회피하거나 맺지 못할 경우도 얼마든지 있을 수 있다.

서울 Y대학의 유명한 교수를 만난 적이 있다. 해외에서 오랫동 안 공부를 하고 돌아온 그는 한국에서의 인간관계가 얼마나 어려 운지를 이렇게 토로했다.

취업과 인적 네트워크

인간관계가 삶에 미치는 영향은 매우 크다. 광범위하다. 이건 상식이 다. 그런데 흥미 있는 사실이 있다. 인간관계가 취직(취업)이나 이직 移職을 하는데도 결정적 역할을 한다는 것이다.

한국개발연구원KDI이 발표한 '인적 네트워크의 노동시장 효과 분 석'에 의하면 고용시장에서 인맥이 얼마나 큰 영향을 미치는지 실감 하게 된다. 〈한국노동패널〉 5년치(2003~2007년) 자료를 분석한 결 과, 고용시장에서의 인맥 의존도는 무려 60%에 이르는 것으로 나타 났기 때문이다. 즉, 분석대상 취업자 6,165명 가운데 61.5%가 '소개 나 추천'으로 취업을 한 반면에 '공개채용'에 의한 것은 13.3%에 불 과했다. 인맥에 의한 채용이 훨씬 더 많다는 말이다.

이른바 '인맥채용'은 기업의 규모가 작을수록 비중이 더 컸다. 공개 채용으로 입사한 사람들(13.3%)을 분석해보면 종업원 수가 50명 미만인 업체는 공채 비중이 5%에 불과해 평균을 훨씬 밑돌기 때문이다. 물론, 종업원 1,000명 이상의 대기업에서도 인맥 채용(47.3%)이 공채(32.9%)보다 높게 나타났다.

특히 '인맥채용'은 경력사원을 채용할 때 그 위력을 나타냈다. 첫 직장을 '소개나 추천'으로 입사한 사람은 절반 수준(50.7%)이었는데 비해 경력자는 63.9%가 인맥에 의해 입사했다. 취업뿐만 아니라 직장을 옮기는 경우도 세 사람 가운데 두 사람이 인맥의 힘을 빌리는 것으로 나타났다(60.1%). 이는 미국, 일본, 영국 등 선진국들의 인맥 의존도(평균 33.5%)와 비교할 때 약 25% 이상 높은 수치로써 우리의 인맥 지향적 실상을 가늠해볼 수 있다.

한국인의 인간관계 구조
- 관계문화를 알면 인간관계가 보인다

　인간관계를 잘하려면 우리네 특유의 관계문화적 의식을 이해해야 한다. '관계문화'란 학연이나 지연 등 서로 관계있는 사람, 서로 알고 있는 사람, 가족적 인간관계끼리만 똘똘 뭉쳐 지내는 반면에 관계가 없는 사람, 낯설고 서먹하고 가족 집단을 벗어난 사람과는 담을 쌓아 관계를 형성하지 못하는 문화를 말한다.

　우리의 관계문화를 이해하려면 가족주의로 완성된 집단주의를 알아야 한다. 최준식 교수는 그의 책 『한국인에게 문화는 있는가』에서 이에 대해 명쾌한 분석을 하고 있다. 즉, 우리는 집단주의의 문화를 가지고 있기 때문에 혼자 있기를 두려워하고 자꾸 집단을 만들려고 한다는 것이다.

집단을 만든다는 것은 내편 네편을 가린다는 것을 의미한다. 즉 내외內外집단을 나누고 내內집단은 나와 '관계'가 있는 집단으로 끈끈한 결속력을 갖게 되지만 반면에 외外집단에 대해는 지나칠 정도로 배타적이 된다. 이것이 바로 관계문화다.

물론, 어느 민족이든 관계에 따라 친소親疏를 가리는 것은 보편적인 현상이다. 역사적으로 우리와 밀접하게 연결되는 중국인들의 '관시문화'도 유명하다. 그들이 말하는 '관시guānxi'의 한자표기가 바로 '关系關係'이다. 관시가 있고 없느냐에 따라 사업 성패가 좌우될 만큼 관시는 중국 사회에서 중요 변수다. 그들의 영향 탓인지는 모르겠으되, 하여튼 우리네의 관계문화 역시 알아줘야 한다.

● 뿌리 깊은 집단주의적 관계문화

잘 아는 사람, 관계가 있는 사람에게는 원칙을 무시하면서까지 파격적인 대접을 하려 한다. 그러나 낯설고 모르는 타인들에게는 놀라우리만치 냉랭하고 쌀쌀한 일면을 보여준다. 심지어 같은 직장에서 일하는 사이라도 '모르는 사이' '관계가 없는 사이'면 사소한 일에도 협조가 잘 되지 않는다. 같은 아파트 단지에 살고 있는 이웃이면서도 서로 잘 모른다는 이유 하나로 악다구니를 쓰며 주차시비를 하고 층간소음 문제로 살인까지 저지르는 것도 결국은 관계문화의 이면이다.

본능적으로 관계의 중요성을 알고 있기에 어떤 골치 아픈 일이 벌어졌을 때 우리는 먼저 '아는 사람' '관계있는 사람'과 연결되는 지부터 따지는 것이다. 어느 날, 경찰이나 검찰 같은 곳에서 당신에게 출석을 요구하는 전화가 왔다고 치자. 당신에게 전혀 잘못이 없고 단지 어떤 사건에 연루된 참고인의 자격이라 하더라도 마음이 심란할 것이다. 그때 당신의 머리에는 당연히 이런 생각이 떠오른다.

'그 경찰서(또는 검찰청)에 혹시 아는 사람은 없는가?'

우리나라에 살고 있는 외국인들은 "한국인은 서로 친해지기까지가 너무 힘들다"고 한다. 그 대신 친해지기만 하면 만사형통이다. 이것이 정情의 양면성이다. 그래서 "한국에서 잘 지내려면 빨리 아는 사이가 되라"고 충고한다. '아는 사이가 되라'는 것이 무엇을 말하는가? 어떤 형태로든 관계를 형성하라는 의미다.

이런 집단주의적 관계문화는 그 뿌리가 워낙 깊어서 세계가 지구촌이 되고 초개인주의가 판을 치는 오늘날에 있어서도 그대로라 할 수 있다. SNS로 세계 곳곳에 교류하는 사람이 있더라도 결국은 내집단과 외집단의 경계를 넘기는 쉽지가 않다.

따라서 세상을 살면서 원활한 인간관계를 유지하고 끈끈한 인맥을 형성하려면 무엇보다도 먼저 상대방의 집단주의적 성향에 당신을 접근시킴으로써 어떤 형태로든 '관계'를 형성하는 게 중요하다. 관계문화를 이해하면 인간관계가 보인다.

"좋은 사람을 만나는 것은 신이 주는 축복이다. 그 사람과의 관계를 지속시키지 않으면 축복을 저버리는 것과 같다."

– 데이비드 팩커드(David Packard), 휴렛 팩커드 창업자

인간관계의 스트레스
- 피할 수 없다면 적극적으로

우리나라의 신체 건강한 청년이라면 군대에 가는 것이 당연한 의무이다. 그러나 '의무'라는 것은 대개가 즐거운 일이 아니다. 어쩔 수 없이 하는 것이 '의무'의 속성이니까. 가끔은, 면제받을 자격이 있어 군에 가지 않아도 될 사람이 기쁜 마음으로 자원해서 군에 입대하기도 하지만, 피할 수 있다면 피하고 싶은 게 보통사람들의 마음이다.

비록 신성한 국방의 의무이기는 하지만, 강도 높은 훈련으로 인한 육체적 고통은 차치하고라도 정신적·신체적으로 자유가 제한되는 것만으로도 피하고 싶은 상황임에 틀림없다. 그래서 군에 입대하는 사람에게 위로를 하거나, 굳은 마음을 갖게 하기 위해 여러 말이 동원되는데 그중의 하나가 "피할 수 없으면 즐겨라"이다.

"피할 수 없으면 즐겨라." 이 말은 미국의 심장 전문의 로버트 엘리엇Robert S. Eliet이 스트레스를 털고 건강하게 사는 방법의 하나로 소개한 '명언'이라는데, 사실 그 전후前後에 그런 말을 한 사람은 많을 것이다. 상식이니까.

"피할 수 없으면 즐겨라." 이 말을 인간관계를 어떻게 해야 할지 전전긍긍하는 사람에게 들려주고 싶다. 사람을 사귀는 것이 군에 입대하는 것만큼 고통스럽거나 피하고 싶은 일은 물론 아니지만 그것도 사람에 따라 상당한 스트레스가 되는 경우가 있기 때문이다.

마당발이라고 할 만큼 인간관계에 탁월한 S씨의 경험담에 의하면 50명 정도만 깊이 사귀어도 공휴일에 자기 시간이 없을 정도가 된다고 한다. 함께 운동도 해야 하고 술도 같이 마셔야 하고, 가끔 식사도 해야 하며, 결혼이다 회갑이다, 상을 당했다 등등 '꺼리'가 끊임없이 이어진다는 것이다.

생각해보라. 가까운 인맥 50명이라면 1주일에 한 사람씩 만난다고 할 경우 1년에 한 번 정도 만난다는 계산이 나온다. 그런데 1인을 1년에 한 번만 만나서 될 일이 아니다. 두 번을 만난다면 상황은 훨씬 복잡해진다. 사람 사귀기를 즐겨하는 사람이라면 별문제가 없다. 오히려 신이 날 것이다. 그러나 사람을 별로 좋아하지 않는 사람도 의외로 많다. 그런 이에게는 이런 상황이 정말 스트레스다. 피하고 싶은 것이다. 그러나 어쩌랴. 피할 수 없는 것을. 사람을 피하면 세상살이가 매우 불편해지는 것을.

● 성공하려면 사람만나기를 즐겨라

미국 대통령이었던 케네디의 외아들 케네디 2세John Kennedy Jr가 우리나라에 와서 기자회견을 했을 때 "사람만나기를 즐겨하지 않으면 대성할 수 없다."고 말했다. 오래전의 일이지만 그의 말을 지금도 생생히 기억하고 있다. 그 말을 뒤집으면 '크게 성공하려면 사람만나기를 즐겨야 한다.'는 것이 된다. 사람이 살아가는 원리는 동서양이 마찬가지임을 알게 된다(케네디 2세는 나중에 비행기 추락사고로 사망했다. 대성의 꿈을 다 이루지 못하고. 안타깝다).

그렇다. 성공하려면 사람을 만나야 하고 인맥을 형성하려면 당연히 사람을 사귀어야 한다. 그리고 그것이 피할 수 없는 것이라면 적극적으로 즐겨야 한다.

인터넷을 검색해보니까 '피할 수 없으면 즐겨라.'를 한문으로 표현한 것이 있었다. '약불피즉화지若不避則和之.' koreanaya라는 사람이 설명한 것을 보면 '즐기다'라는 의미의 '樂' 대신에 '차라리 어울려라'라는 의미에서 '和(화합할 화)'를 썼다고 했는데 이 표현이 썩 마음에 든다. 인간관계, 인맥형성이란 '樂'보다는 '和'에 어울리기 때문이다. 그렇다. '若不避則和之'. 피할 수 없다면 즐겁게 어울려야 한다. 그래야 스트레스가 안 되고 행복해진다.

인간관계와 관련하여 NQ(네트워크 지수)니 공존지수니 하며 그럴 듯한 표현을 쓰지만 NQ의 핵심은 사람사귀기를 얼마나 즐기느냐에 있다. NQ를 수치로 나타내기 위한 여러 가지 설문도 있지만 복잡하게 계산할 필요가 없다. '나는 사람사귀기를 즐겨하는가?' 이 물음에 스스로 답해보면 된다. 그 답변의 강약이 바로 당신의 NQ가 된다. '그렇지 못하다'는 답변이 강할수록 NQ가 낮고 인맥형성에 성공할 가능성은 희박해진다. 따라서 NQ를 높이고 인맥형성에 성공하고 싶다면 그 물음에 '매우 그렇다'고 응답할 수 있도록 하면 된다. 어떻게 그런 답이 나올 수 있게 하냐고? 인간관계의 중요성을 인식하고 의도적으로 사람사귀기를 즐기려고 하면 된다.

"피할 수 없으면 즐겨라." '약불피즉화지若不避則和之'다. 마음속에 새겨두길 권한다.

자기계발하겠다고?
- 인간관계부터 제대로

　인터넷 채용정보업체 '잡링크'가 직장인을 대상으로 조사한 것을 보면 직장인들이 퇴직하고 싶은 가장 큰 이유로 '직장 내의 힘든 인간관계(33.2%)'를 꼽았다. 그 다음이 '내 위치에 대한 회의(24.6%)'와 '너무 지쳐서 쉬고 싶다(20.4%)' 등의 순이었다. 뿐만 아니라, 상사와의 관계 때문에 퇴사를 결정하는 비율이 1위를 차지한다는 조사보고는 여럿 있다.

　얼마 전, 명예퇴직(사실은 불명예퇴직이다)을 당한 대기업의 간부 K씨는 자신의 '퇴직'에 대하여 "나도 업무능력을 크게 인정받던 사람이다. 그런데 인간관계에서 실패한 것 같다."고 후회하였다.

　이렇듯, 사람과의 관계를 어떻게 하느냐는 직장생활, 더 나아가 인생의 성공여부를 판가름하는 것이 된다. 그럼으로 우리는 전문지식이나 기술을 향상시키는 것 못지않게 올바른 인간관계를 위해 남다른 노력을 기울여야 한다. '사람'이 바로 세상살이의 중요한 자산임을 깊이 인식하고 사람과의 인연을 소중하게 여겨야 한다.

우리네 직장인들이 한 달 동안에 새롭게 알게 되는 사람의 수는 대략 5명 정도라고 한다. 1년이면 60명이요, 20년쯤 직장 생활을 했다면 1,200명 정도를 알게 되는 것이다. 그것을 직장내부로만 국한시키면 그 수는 훨씬 줄어든다.

당신이 지금까지의 직장 생활을 통하여 함께 근무한 사람이 전부 몇 명이 될 것인지 한번 셈해 보라. 그리고 그중에서 상사는 과연 몇 사람이었는지 구분해보자. 아마 상사의 수가 30명을 크게 넘지 않을 것이다. 같은 부서에서 함께 근무한 동료나 부하의 수도 생각보다 많지 않을 것이다. 조 지라드에 의하면 보통 한 사람이 사귀게 되는 사람의 수가 250명 정도라고 하지만 그중에서 가까운 사이를 꼽으라면 그 수는 대폭 줄어들게 뻔하다.

그 얼마 되지 않은 사람들과 어떤 관계를 맺느냐에 따라 직장 생활이 달라지고 나아가 인생이 판가름 나게 된다. 따라서 우연이든 필연이든 인연이 닿아 만나게 된 것이라면 그 인연을 잘 살려나가야 한다.

⬤ 인연을 소중히 여기기

일기일회 一期一會라는 말이 있다. 일생에 한 번 만나는 인연이라는 의미인데 사람을 사귐에 있어서는 '일기일회'를 귀하게 여기는 정신이 필요하다는 거다. 사람들 중에는 동창회나 향우회 같은 모임에 여러 번 참석하고도 그 멤버들과 계속 서먹한 관계를 지속하는 사람이 있다. 같은 아파트에 살면서도 엘리베이터에서 만날 때마다 이방인 대하듯 냉랭한 사람도 있다. 반면에 어떤 이들은 이러한 만남의 기회를 좋은 인간관계로 멋지게 발전시키는 붙임성 있는 사람도 있다.

사회생활을 영위함에 있어서 어느 쪽이 더 유리하고 바람직한지는 두말할 필요도 없다. 우연이든 필연이든, 우리가 평생에 걸쳐 만나게 되는 사람의 수는 대개 비슷하다. 그러나 만남의 기회는 비슷할지라도 그 인연을 자기발전과 어떻게 연결시켜나가느냐 하는 것은 사람마다 천차만별이다.

그렇다고 떼 지어 몰려다니면서 사람을 사귀는데 몰입하여 인생을 낭비하는 일이 있어서는 안 된다. 무엇보다도 '일기일회'의 작은 인연을 확대재생산하는 지혜를 발휘해야 한다. "어리석은 사람은 인연을 만나도 인연일 줄 모르고, 보통사람은 인연인 줄 알고도 그것을 살리지 못하며, 현명한 사람은 소매 끝만 스쳐도 인연을 살려낸다."고 하였다.

결국은 인간관계

우리는 직장생활을 성공적으로 이끌기 위해 자기계발에 열을 올린다. 그러나 한편으로는 인간관계의 자기계발을 도모하는 것도 신경 써야 할 것이다. 인간관계를 잘하는 것 역시 훌륭한 자기계발이라는 말씀이다.

인연이란 이런 것

오래전의 일이지만 기억에 남는 에피소드 하나. 출장을 다니다가 우연히 들른 대전역 광장의 구두 닦는 집 이야기다. 구두를 닦는 곳이 요즘은 말끔하고 깨끗해졌지만 그때만 해도 상당히 지저분하고 누추한 것이 일반적이었다. 그런데 그곳은 전혀 달랐다. 문화적(?) 충격을 느낄 정도로 잘 정돈되고 깨끗했다. 그 안에서 30대 후반의 젊은이가 잔잔한 클래식 음악을 틀어놓고 구두를 닦고 있었다. 그의 얼굴은 영화 '소림사'로 유명한 중국출신의 배우 이연걸을 닮았다고 생각될 정도로 잘 생기고 깔끔했다. 그는 성실했으며 매우 상냥하고 친절했다. 구두를 닦는 것도 정성을 다했다. 참 꼼꼼하게 잘 닦았다. 나는 그의 단골이 됐다. 그러던 어느 날. 대전에 갔다가 그곳에 들렀더니 "선생님, 이제 뵙기가 어렵게 됐습니다"라고 말하는 것이다. 사정을 들어보니 이랬다.

그에게 구두를 닦기 위해 가끔 들르는 단골손님이 있었다. 말쑥하게 생긴 중년의 신사였다. 바람이 불며 몹시 춥던 겨울의 어느 날 그 신사가 구두를 닦고는 이렇게 말했다. "당신은 정말 성실하게 일을 잘한다. 그런데 이렇게 추운 역 광장에서 일하는 것보다 국군 사령부

(가칭. 그러나 실제로 계룡시에 있는 군부대의 하나다) 같은 곳에서 구두를 닦으면 일하는 환경도 낫고 수입도 안정적이어서 좋지 않은가?" 그가 대답했다. "그렇게 되면 정말 좋지요. 그러나 그런 곳에서 일하는 건 아무나 하는 게 아니거든요. 그 자리를 노리는 사람이 얼마나 많은데요. 선이 닿아야 할 거고 빽도 있어야 되겠지요."

"허허, 그런 건가?" 그 신사는 그렇게 다녀갔다. 그리고 한 달쯤 지난 어느 날. 사령부로부터 어떤 사람이 찾아왔다. 그리고 원한다면 그곳에서 구두를 닦는 일을 할 수 있다고 했다. 이게 도대체 어찌된 일인가? 사연인즉슨, 그 중년의 신사는 가끔 서울을 오가는 중에 구두를 닦기 위해 그곳에 들렀던 장군이었던 것이다. 인연이란 이런 것이다 (그는 요즘 어디서 무엇을 하며 지내는지 궁금하다. 분명히 성공했으리라 믿는다).

"대부분의 직장인들은 일정한 시간이 지나면 자신의 업무에 대한 기술을 갖추게 마련이다. 하지만 그 이후에는 인간관계에서 승패가 판가름 난다."

– 다니엘 핑크, 『새로운 미래가 온다』

결국은 인간관계

인연의 힘
- 작은 인연을 크게 키우기

인간관계를 잘하는 사람들, 즉 인맥도사들에게는 몇 가지 공통점이 있다. 첫째, 매우 부지런하다는 것. 사람을, 그것도 수많은 사람을 사귀고 관리한다는 것은 일단 육체적으로 상당한 '노동'이다. 그들의 애경사만 철저히 챙겨도 휴일이 없을 정도가 된다. 거기에 덧붙여 수시로 전화해야 하고 메일 보내야 하고 가끔은 직접 만나 식사도 해야 한다면 부지런하지 않고는 안 된다.

둘째는 사람사귀기를 좋아한다는 것. 폭넓은 인간관계와 인맥을 갖고 있는 사람을 보면 하나같이 사람과 어울리는 것을 좋아한다. 남의 뒤치다꺼리하기를 즐긴다. 그래서 '마당발'은 '마당쇠'의 기질이 있어야 가능하다.

셋째는 작은 인연을 크게 키울 줄 안다는 것. 인맥도사들은 우연한 기회, 작은 찬스를 놓치지 않는다. 부지런하고 사람사귀기를 즐기다보니 우연히 생긴 별것 아닌 인연을 인맥으로 크게 발전시킨다.

● 작은 인연이란 없다

강의를 다녀보면 가끔 재미있는 일이 벌어진다. 지역특산물을 선물로 주는 사람도 있고, 어떻게 하면 강사가 될 수 있는지 묻는 사람도 있다. 어떤 사람은 사진을 함께 찍자고 하며 어떤 사람은 명함을 달라고 한다. 또 어떤 사람은 메일이나 문자메시지를 보내기도 한다. 멘토로 삼겠다는 사람이 있는가 하면 팬임을 자처하는 사람도 있다.

사실, 청중의 그런 반응은 대단히 기분 좋다. 바로 그 재미와 보람으로 강의를 한다. 나만 그런 게 아니라 강사들 거의 모두가 그렇다. 생각해보라. 누군가가 당신을 멘토로 삼겠다거나 당신의 팬이라고 한다면 그 기분이 어떨지를 말이다.

그렇게 친밀하게 다가오는 사람들을 보면 참 대단하다는 생각이 든다. 원래 우리나라 사람들은 낯가림이 심하다. 낯선 사람에게 다가서지 않는다. 그런데 불과 1~2시간의 강의를 듣고 강사에게 다가가는 사람이라면 보통 사람은 아니다. 적극적이고 열정적인 사람이다. 그런 사람들은 강의 장소에서 스치듯 맺은 하찮은(?) 인연을 계속 이어가게 살려낸다. 작은 인연을 크게 만들어 인맥으로 발전시키는 것이다.

그중의 한 사람만 소개하겠다. 광주에서 사업을 하고 있는 C사장. 나와 그는 강의의 인연으로 만났다. 그런데 그는 한번 인사를 나눈 것으로 그치지 않고 인연의 불씨를 살려 나갔다. 전화를 걸어오고 문자메시지를 보내는가 하면 메일로 요긴한 정보를 알려주고 심지어 맛있는 토속 음식을 보내오기도 했다. 뿐만 아니다. 전화통화를 하다보면 자연스럽게 강의 스케줄이 언급되는 수가 있는데, 광주에 강의를 하러 가는 것을 알게 되면 어김없이 기차역 광장에까지 나와 나를 맞이해준다. 사업으로 대단히 바쁜 와중에도 말이다. 속으로 감탄한 적이 한두 번이 아니다. 물론 미안하고 고맙기도 하고.

나는 그렇게 그와 친구가 됐다. 나보다 나이가 훨씬 적은 사람이지만 말이다. 대화를 나누는 기회가 늘면서 알게 됐지만 그는 광주의 마당발, 아니 인맥도사다. 내게만 그런 게 아니다. 이름을 대면 알 만한 사람 중에도 그가 작은 인연을 살려 큰 인맥을 만들어서 관리하고 있는 사람이 적지 않다. 그는 우연처럼 시작된 인연을 정성을 담아 좋은 인맥으로 키워가는 것이다. 그러니 누가 그를 싫어할 수 있으랴. 인맥 만들기에 관한한 그는 나의 멘토다.

사람과 사람의 인연이란 특별한 경우가 아닌 한 하잘 것 없는 작은 인연으로 시작된다. 만나자마자 인맥이 되는 경우가 어디 있는가. 인연의 힘은 상상외로 크다. 따라서 작은 인연을 잘 살려 인연의 힘을 제대로 활용하는 것은 세상살이의 지혜임에 틀림없다.

인연이란 이런 것

영국 런던에 살던 한 청년이 시골로 여행을 떠났다가 호수에 빠지고 말았다. 헤엄을 칠 줄 몰랐던 이 청년은 물속에서 허우적거리며 위험한 상황에 빠졌다. 이때 호숫가를 지나던 시골 소년이 호수로 뛰어들어 청년을 구출해 주었다. 이렇게 해서 서로를 알게 되었지만 이들은 다시 헤어졌고 10여 년이 지나, 도시 청년은 자기를 구해 주었던 시골 소년을 다시 찾아갔다. 이들은 처음에는 서로 얼굴도 잘 알아보지 못했지만, 몇 마디 말을 나누면서 다시 친숙해졌다. 도시 청년이 이제는 청년이 된 시골 소년에게 물었다.

"너의 꿈은 뭐니?"

"나는 의사가 되는 게 꿈이에요. 하지만 집안이 가난해서 대학에 갈 수가 없어요."

이 말을 들은 도시 청년은 부자인 자기 아버지에게 자초지종을 이야기하고는, 그 시골 청년에게 의사가 될 수 있는 길을 열어 달라고 부탁했다.

그리하여 시골 청년은 마침내 런던의 의과대학에 입학하기에 이르렀고, 결국은 의사까지 되었다. 그 시골 청년이 바로 페니실린을 발명한 알렉산더 플레밍이고, 도시 청년은 영국 수상이 된 윈스턴 처칠이다.

그 후 처칠은 제2차 세계대전 와중에 중동 지방을 순시하러 갔다가 뜻하지 않게 폐렴에 걸리고 말았다. 그 당시로서는 폐렴에 대해 그어떤 치료약도 개발되어 있지 않은 절망적인 상황이었다. 이때 처칠을 구해 준 사람이 바로 플레밍 박사였고, 그 약이 바로 페니실린이다(〈교차로〉, 2000.9.17, 처칠과 플레밍의 좋은 인연, 황필상).

"훌륭한 인맥을 얻고자 한다면 먼저 자신을 상대에게 맞출 줄 알아야 한다."
– 리 아이오코카, 전 크라이슬러 회장

디지털 인맥관리
- 온라인과 오프라인을 융합하라

인간관계나 인맥을 말할 때 '혈연' '학연' '지연'을 많이 들먹인다. 그런데 요즘은 "인맥이 인맥이요, 인연이 인연"이라고 한다. 즉 'in맥이 人脈이고 in연이 因緣'이라는 말이다. 무슨 말인지 알 것이다. 인터넷으로 연결된 인간관계(in맥)가 곧 인맥人脈이며 인터넷 인연(in연)이 인연因緣의 대세가 됐다는 말이다.

이렇게 시대가 변하면서 인간관계나 인맥관리의 방법도 당연히 변했다. 트위터, 페이스북, 블로그, 인스타그램과 메신저 등 온라인상에서 불특정의 타인과 관계를 맺을 수 있는 디지털 인맥관리, 즉 SNS가 바로 그것이다. SNS의 강점은 틀 안에 갇혀 있던 인맥을 벗어나 얼굴도 모르는 다수와 교분을 맺는 것이 가능하다는 점이다. 이 얼마나 대단한 확장성인가.

최근의 조사결과에 따르면 직장인 3명 중 2명은 트위터, 블로그 등 온라인을 통해 인맥을 관리하고 있는 것으로 나타났다. 취업포털 '인크루트'가 20, 30대 직장인을 대상으로 조사했는데 '온라인 인맥이 있느냐'는 물음에 63.5%가 '그렇다'고 답했다. 온라인 인맥이 교류하는 채널은 트위터, 페이스북 등이 56.4%로 가장 많았고, 이어 '메신저와 같은 온라인 채널'(24.5%), '문자메시지' (7.4%), '직접 만남'(7.4%), '전화통화'(2.1%) 등의 순이었다. 한마디로 SNS가 대세인 것이다.

⬤ 연결의 끈을 놓지 마라

이런 식의 인간관계 형성은 스마트폰과 SNS가 결합되면서 최고점을 찍는 상황이다. 사람들은 스마트폰과 결합된 SNS를 통해 시·공간적 제한을 받지 않고 실시간으로 정보를 공유하며 교류하게 되고 그럼으로써 인터넷 인맥을 형성하고 있는 것이다.

물론 이런 방식에는 나름의 장점과 단점이 있다. 다양한 사람들과 쉽게 관계를 맺고 소통해 다양한 인맥을 광범위하게 맺을 수 있다는 것은 장점이지만 양이 많은 만큼 질이 떨어진다는 것이 비판론자들의 시각이다. 사람은 많이 알게 되지만 연결고리가 강하지 못하고 느슨한 관계라는 것이다. 한 사람이 실제로 관리할 수 있는 인맥에는 한계가 있기 때문에 수천, 수만 명과 교류를 해봤자 어쩔 수 없이 빈 껍데기에 불과한 허상의 인맥이라는 것이다.

그러나 여기서 한 가지 주목할 것이 있다. SNS로 맺어진 관계가 느슨하기는 하지만 워낙 교류의 범위가 넓기 때문에 오히려 더 많은 도움을 받을 수 있다는 것이다(느슨한 연결고리, 약한 유대관계의 중요성과 장점에 대해서는 뒤에 설명하겠다).

물론 SNS로 맺는 교류 모두가 인맥이라고 할 수는 없다. '트위터 대통령'이라는 별명이 있던 소설가 고 이외수 씨의 경우, 팔로워 수가 150만 명 내외였다는데 그렇다고 그들 모두와 인간관계를 맺거나 인맥이 형성된 것은 당연히 아니다.

그럼에도 불구하고 SNS시대에는 SNS를 활용하는 것이 인맥 형성과 관리에 큰 도움이 되는 것은 물론이다. 온라인상의 네트워크가 활성화되면서 자연스럽게 오프라인상의 연결도 확대되고 있다. 즉, 온라인으로 맺어진 관계를 오프라인으로 보완하고 오프라인으로 맺어진 관계를 온라인을 통해 관리한다면 인간관계에 확실한 효과를 볼 수 있다는 말이다.

그레고리 번스가 말했다. "이메일은 워낙 비용이 저렴해서 새로운 연결 끈을 만들기 위한 매체로 가치가 없을 수도 있다. 이메일은 현존 네트워크를 유지하는 데 매우 유익할 수도 있지만, 상식파괴자라면 의미 있는 사회적 연결을 이루기 위해 보다 값비싼 소통수단을 이용해야 한다"고(『상식파괴자』, 김정미 역, 비즈니스맵). 그렇다. 이메일을 비롯한 온라인상의 인간관계가 대세라고는 하지만 그것이 저렴하고 확장성이 크다고 해서 그것에만 의존할 수는 없다. 정말로 끈끈한 인맥을 형성하는 데는 당연히 한계가 있다. 따라서 값비싼 관계 형성도 도모해야 한다. 온라인과 오프라인의 융합이 균형 있게 이뤄질 때 당신의 인간관계는 매우 유용한 것이 될 수 있다. 그것이 디지털 시대의 인맥관리 요령이다.

느슨한 인맥의 강점
- SNS가 맺어주는 인연의 고리

사람들과의 유대관계는 강한 유대Strong Ties가 있고 약한 유대 Weak Ties가 있다. 강한 유대란 가정이나 직장 또는 어떤 모임을 통해 관계를 맺고 있는 경우다. 친구나 선후배 또는 상사와 부하의 관계가 대표적이다. 약한 유대란 강한 유대 이외의 유대로 보면 된다. 술자리에서 우연히 함께 어울리게 된 사람이라든가 여행이나 산행 중에 만난 사람 등이 해당된다. 특히 소셜네트워크SNS상에서 사귀게 된 얼굴도 모르는 사람들과의 관계가 대표적인 약한 유대요 느슨한 연결고리다.

그런데 이 약한 유대, 느슨한 연결고리가 강한 유대만큼이나 위력을 발휘할 수도 있다는 사실이다. '약한 유대'를 설명할 때 동원되는 스토리가 있다.

미국의 보스턴으로 출장을 온 회계사가 택시를 타고 가면서 택시기사와 이야기를 나누게 됐다. "무슨 일로 오셨나요?" "출장 때문에요. 이런 멋진 도시에서 일할 수 있으면 정말 좋겠군요." "손님은 무슨 일을 하십니까?" "회계사입니다." "아, 그래요. 조금 전에 탔던 손님이 00회계 법인의 대표라던데, 사람이 모자라서 걱정이라고 하더군요."

이쯤 되면 찬스다. 그리하여 그 회계사는 손쉽게 일자리 정보를 얻어 취업을 할 수 있었다는 이야기다. 이때 회계사의 입장에서 보면 택시기사는 평소에 관리하던 인간관계가 아니다. 인맥은 더욱 아니다. 우연히 만난, 매우 약한 유대 관계인 셈이다.

실제로 미국의 보스턴 지역 주민을 대상으로 일자리를 구한 경로를 조사해 보니, '강한 유대'보다는 '약한 유대'를 통해 일자리를 얻은 비율이 3배 가량(19%대 56%) 높았다고 한다(〈이코노미 조선〉 15호 2006년 1월 1일. 고종원 기자의 풀어쓴 경영이야기, '강한 유대'보다 '약한 유대'를 늘리자). 이게 벌써 16~7년 전의 이야기다. 그러니 오늘날에는 약한 유대의 양과 질이 엄청나게 발전하였다.

그러나 이것이 어디 미국이나 보스턴만의 일이겠는가. 요즘은 세계가 하나로 연결되어 있는 세상이다. 이런 시대에 친구나 인척, 선후배만으로 인맥을 형성한다면 현대판 원시인, 크로마뇽인에 다름아니다.

약한 유대관계가 매우 유익하고 삶을 풍성하게 만든다는 것을 잘 설명하는 더 오래된 유명한 연구가 있다. 1973년 미국의 사회학 교수 마크 그라노베터가 '약한 연결의 힘The Strength of Weak Ties'이라는 논문을 발표했는데 가까운 친구들(강한 연결)보다도 먼 지인들(약한 연결)이 새로운 정보를 제공할 가능성이 높을 때가 있다는 것이다. 즉, 이직한 사람들이 어떻게 새로운 직장을 알게 되었는지에 관한 실증 연구에서 27.8%가 약한 연결을 통해 직장을 얻었다는 것이다. 이 수치는 강한 연결을 통해 직장을 얻은 것(16.7%)과 비교할 때 훨씬 높은 수치이다(〈아트인사이트〉, 2022. 4.16. 코로나 시대에 느슨하게 연결되는 우리).

⬤◗ 이래도 악플을 달 수 있을까?

다양한 영역의 사람들과 느슨한 인맥을 쌓는 네트워킹이 사회생활의 성공적 요인으로 각인되면서 사람들은 많은 시간과 노력을 투입하고 있다. 다양한 사람들과 개인적 친분을 쌓으면 무엇보다도 그들의 인맥을 공유할 수 있는 이점이 있다. 필요한 사람을 소개받으면 새로 찾거나 검증하는데 들이는 시간을 절약할 수 있어 경제적이라는 것이다(중앙일보, 2021. 8. 5. 인맥 만능 사회의 함정, 강혜련 교수).

그렇다면 어떻게 해야 느슨한 유대관계의 영향력을 통해 생산성을 높일 수 있을까? 2011년부터 페이스북은 수학자 및 사회학자들과 연합하여 서비스 이용자들 간의 분리 단계를 추적해 왔다. 그 결과 2011년에 7억 2,100만 명이 페이스북 계정을 가지고 있었으며, 사용자들 간 사슬의 길이는 3.74명이었다. 그러나 2016년의 조사에서는 사용자 수가 15억 9,000만 명으로 2배 이상 증가했고, 사슬의 길이는 3.57명으로 줄어들었다. 이는 무엇을 의미하는가. 만약 당신이 페이스북 계정을 가지고 있다면 10억 명 이상의 인적 네트워크에서 세 사람 내지 네 사람의 소개를 거치면 누구와도 아는 사이가 될 수 있다는 의미다(데이비드 버커스, 『친구의 친구』, 장진원 역, 한국경제신문, 2019).

이쯤 되면 SNS를 사용하는 것이 괜한 심심풀이거나 외로움을 달래는 방편 정도가 아님을 알 수 있다. 심지어 SNS에 악플을 달거나 시비조의 댓글을 다는 것이 얼마나 멍청한 일인지 깨닫게 된다. 오히려 그것을 잘 활용함으로써 인맥을 폭발적으로 확대시킬 수 있고 자신의 미래를 획기적으로 변화시킬 수 있다.

약한 유대관계로 만들어진 인맥이 신분 상승을 비롯한 사회적 이동 기회의 통로 역할을 할 수 있으며, 자신의 역량으로는 얻을 수 없던 정보를 얻는 인맥의 통로가 될 수 있는 것이다.

느슨하게 엮인 친구의 강점

예를 들어, 강한 연결고리의 친구가 10명이 있고, 약한 연결고리의 친구가 100명이 있다고 치자. 강한 연결고리의 친구가 어떠한 정보를 공유할 가능성이 50%이고 약한 연결고리에서는 정보를 공유할 가능성이 그보다 작다. 페이스북의 데이터 과학자 이단 바크시는 약한 연결고리의 가능성을 15%로 가정했다. 이를 토대로 강한 연결고리에서 얻는 정보는 $10 \times 0.5 = 5$, 약한 연결고리에서 얻는 정보는 $100 \times 0.15 = 15$라는 수식을 도출할 수 있다. 수식에서 보듯 강한 연결고리로 연결된 소수의 친구보다 다수의 약한 연결고리 친구에게 얻는 정보가 더 많다. 이것이 느슨하게 엮인 친구의 강점이다.

뿐만 아니라, 자주 연락을 주고받는 강한 연결고리의 친구는 행동반경이 내가 알고 있는 범주에 있기 때문에 그 친구가 전해주는 정보는 뻔할 수밖에 없다. 그러나 약한 연결고리의 인맥은 수적으로 비교할 수 없이 많은 데다가 그들은 나와 관점이 다르기 때문에 실질적으로 요긴한 정보를 제공할 수 있는 것이다. 이것 또한 느슨하게 엮인 친구의 강점이 된다.

결국은 인간관계

"우리는 가까운 친구보다 먼 지인들로부터 정보를 얻고 퍼뜨린다. 먼 지인은 우리와 다른 경향이 있기 때문에 우리가 소비하고 공유하는 정보의 상당한 양은 다른 관점이 있는 사람들에게서 온다."

– 이단 바크시

"금맥보다 더 중요한 것은 인맥이다."

- 반기문, 전 UN사무총장

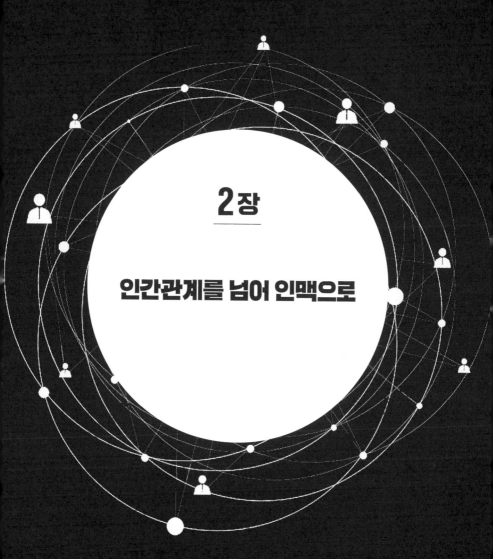

2장

인간관계를 넘어 인맥으로

'인맥도사'들의 방식
- 인간관계의 포트폴리오 전략

이제 인간관계를 넘어 인맥을 살펴보자. 많은 사람과 관계를 맺는 것도 결국은 인맥으로 만들기 위함이다. 부뚜막의 소금도 넣어야 짜듯이 느슨한 관계의 인간관계가 많으면 뭐 하는가. 인맥으로서 관리가 돼야 인간관계가 완성된다.

인맥을 관리한다? 너무 계산적이라고 생각할지 모르겠다. 그러나 이것을 분명히 할 필요가 있다. 인맥을 형성하고 관리한다는 것은 원래 계산적이고 전략적이라는 사실을. 그냥 '되는 대로' '생긴 대로' 사람을 사귄다면 그것은 인맥으로서의 관리가 아니다.

시간과 노력, 체력 등 한정된 자원으로 최대의 인간관계 효과를 내고 최강의 인맥을 형성하려면 당연히 치밀한 계획과 철저히 계산된 관리가 필요하다. 막강한 인맥을 자랑하는 '인맥도사'들은 의도적으로 인연을 관리한다. 그러지 않고 자신도 모르는 사이에 끈끈한 인간관계와 거미줄처럼 연결된 인맥을 갖게 될 수는 없다. 다만 자신의 인맥관리 방식을 공개하지 않을 뿐이다.

가끔 유명인들의 인맥관리 방식이 언론보도나 책을 통해 소개되는 수가 있다. 그런데 그것에 문제가 있다. 예를 들어 "나는 주위 사람들에게 어떻게 하면 친하게 지낼 것인지 늘 관심을 갖고 노력한다."라는 정도의 일반적 원칙을 공개하는 것은 괜찮은데, "나는 관리해야 할 명단을 작성하고 1주일에 한 번씩 꼭 전화를 건다."라며 구체적인 요령을 '5계명'이니 '7계명'이니 하며 공개하는 사람도 있는데 경솔한 일이다. 인맥관리 방식은 공개돼서 결코 좋은 일이 아니기 때문이다.

생각해보라. 1주일에 한 번씩 계획적으로 전화를 건다는 사실이 밝혀진 이후에 어떤 일이 일어날 것인지를. 그의 인맥관리가 의도적이요, 또한 그 요령과 기법이 알려진 순간 관리의 대상이 된 사람들은 어떤 기분이 될까. '아하, 이 사람이 그동안 나를 이렇게 관리했구나'라는 생각이 들 것이다. 그것을 알게 된 이후에는 전화를 받더라도 '1주일 만에 건 전화인가 아닌가'를 따져보며 '인맥관리의 주기가 된 모양'이라고 받아들일 수도 있다.

그렇게 되면 그와의 인간관계가 순수하지 못하고 목적성, 이용

가능성에 초점을 둔 것으로 전락하고 만다. 따라서 당신이 설령 어떤 방식으로 인맥관리를 하더라도 그것을 공공연히 떠벌릴 필요는 없다. 노하우가 공개되는 일은 피해야 한다. 그것이야말로 천기누설이다. 인맥도사들이 '도사'인 것은 상대방이 관리 대상인지를 전혀 눈치채지 못하게 자연스럽게 인맥관리를 한다는 점이다. 속으로는 누구보다도 철저히 계산된 관계를 유지하면서.

● 인맥관리의 방법

인맥관리의 방법은 여러 가지가 있을 수 있으며 사람마다 다르다. 그러나 한 가지 꼭 지켜야 할 것은 '인맥의 포트폴리오'를 잘 짜야 한다는 것이다. 포트폴리오portfolio는 잘 아는 대로 원래 금융 용어다. 자신의 자산을 가장 유리하게 배분, 투자해 안정성과 수익성을 도모하는 기법이다. 마찬가지로 인간관계에도 그런 전략이 필요하다는 이야기다.

예를 들어, 당신의 친한 인맥이 모두 현재의 직장동료거나 또는 현재의 일과 관련된 직업에 종사하는 사람들뿐이라면 어떻게 되겠는가? 은행원으로서 친구가 대부분 금융권 사람이라든가, 교사로서 인맥이 교육계 사람들뿐이라면 많은 투자를 하고도 당연히 쓸모가 적을 수밖에 없다. 그래서 포트폴리오가 필요하다는 말이다.

내가 잘 아는 Y씨가 바로 포트폴리오 인맥관리의 표본이다. 내가 보기에 그는 전형적인 인맥도사다. 성품이 부드럽고 온화한 그는 인맥관리를 하지 않더라도 사람들이 매우 좋아할 유형이다. 언제나 남을 돕기를 즐기고 좌중에서도 항상 남을 배려할 뿐 아니라 언변 또한 뛰어나서 그와 어울리기를 사람들은 좋아한다. 물론 그가 남을 돕기를 즐기고 배려하고 양보하는 것 자체가 철저히 계산된 인맥관리의 기술일지도 모르지만.

그는 자신의 인맥관리에 대해 설명해준 적도 없고 내가 그에게 물어본 적도 없다. 그런데 그와의 10여 년에 걸친 교류를 통해 그에게서 발견한 특이한 점이 있다. 그가 바로 포트폴리오 전략을 쓰고 있다는 사실이다.

그는 2개 정도의 모임을 갖고 있는데(어쩌면 내가 알지 못하는 또 다른 모임이 더 있을 것이다) 각 모임마다 각각 20명 내외의 구성원으로 되어 있다. 그런데 각 모임의 구성원을 살펴보면 매우 흥미롭다. 즉, 구성원의 직업이 제각각 모두 다르다는 것이다. 기업CEO, 공무원, 교수, 변호사, 검사, 의사, 군인, 은행원, 세무사, 국회의원 보좌관, 심지어 연예계 종사자까지 있다. 그러니까 모두 40명 정도의 서로 다른 직업인들(일부는 중복되기도 한 것 같다)로 구성된 모임을 갖고 있다고 보면 된다.

또 한 가지 특징은 그 구성원들이 매우 까다로운 기준에 의해 '선발'된 사람이라는 점이다. 예를 들어, 공무원이라고 하면 아무나 모임에 가입시킨 것이 아니라. '꽤 잘 나가는 공무원' '앞으로 유망하다고 인정되는 공무원' '인품이 조화로운 사람' 등, 누구든 지 사귀고 싶어 할 만한 사람들을 끌어모았다. 그리고 1년에 4회, 3개월에 한 번씩 회동을 갖는다.

처음에는 자기가 아는 4~5명으로 모임을 시작했는데 참여한 멤버들이 모임의 필요성을 공감하고 알음알음으로 멤버를 소개하고 영입함으로 20명 선이 됐다. 20명 이상을 할 수도 있지만 단결력이 희석될 수 있어 더 이상 확대하지 않고 제2의 모임을 만들어 결국 40명이 된 것이다.

끈끈한 결속력을 자랑하는 각각의 직업인 40여 명으로 인맥을 형성했음을 다시 한번 상기해보자. 어떤가? 이거야말로 양보다 질, 소수정예의 포트폴리오전략이다. 이 정도면 사실 사회생활에서 발생하는 긴급한 일은 모두 해결될 수 있는 인맥이다. 40명이 6단계, 아니 2단계만 확대돼도 엄청난 영향력을 발휘할 수 있음은 물론이다.

◐ 인맥 지도를 잘 그려볼 것

포트폴리오전략은 다른 표현으로 하면 잘 설계된 인맥지도를 그리는 것이다. 자기의 인맥을 어떤 구성원, 어떤 분포, 어떤 규모로 만들 것인지를 설계하는 것이다. 그것을 어떻게 할 것인지는 사람마다, 직업마다 다르다.

포트폴리오전략으로 인맥설계를 할 때 몇 가지 참고할 것이 있다. 첫째는 직업적으로 골고루 분포시키는 것이 좋다. 포트폴리오전략을 짜는 의미 그대로다. 두 번째는 사회생활을 하는데 징검다리 역할을 하고 도움을 받기에 비교적 좋은 사람들로 설계하는 것이다.

취업·인사포털 '인크루트'가 직장인들을 대상으로 조사한 것을 보면, '이런 사람이 내 인맥이었으면 좋겠다'고 생각하는 직업은 ▶'검사, 판사, 변호사 등 법조계 인사'(51.0%)가 절반을 넘어 압도적이며, 그 다음이 ▶'기업가 또는 부유층'(42.3%) ▶'대기업 임직원'(40.7%) ▶'관료·공무원'(35.5%) ▶'의사'(33.3%) ▶'연예인'(29.6%) ▶'교수·학자'(28.8%) ▶'언론인(기자, PD 등)(28.1%) ▶'정치인'(28.1%) 등으로 나타났다. 그 직업들을 잘 음미해보라. 우리가 상상하는 사회생활의 필요성과 상당히 일치함을 알 수 있다. 다시 말해서 인맥의 포트폴리오전략을 짜고 인맥지도를 설계할 때에 이를 염두에 둘 필요가 있다는 말이다.

인간관계를 그렇게 계획적으로 맺고 관리하는 것은 지나친 술수를 부리는 것 아니냐고 반문하는 사람도 있을 것이다. 그러나 술수를 부리자는 게 아니다. 말 그대로 전략적으로 접근하자는 것이다(술수와 전략, 그게 그거 아니냐고 항변한다면 할 말이 없다).

유력한 사람들을 골고루 사귀어 인적 네트워크를 구성함으로써 나쁜 일을 도모하자는 것이 아니다. 닥치는 대로 사람을 사귀어 자원을 낭비하고 인생을 낭비하지 말자는 것이다. 무작정 마당발이 되지 말고 소수정예의 인맥관리를 해보자는 것이다. 아마 당신도 그런 생각에 동의할 것이다. 그런 생각만 갖고 있다면 거창하게 '포트폴리오전략' 운운하지 않더라도 자연스럽게 인적 구성이 골고루 되게 되어 있다.

자, 당신의 인맥은 어떠한가? 적절한 포트폴리오가 돼 있는가?

인맥관리의 현주소
– 당신의 인맥은 어떻습니까?

"살아있는 동안에 사랑하는 사람은/ 얼마 동안이나 얼마 동안이나 슬퍼울 수 있는지.

아파 누워 있을 때 퇴원할 때까지 밤새워 기대어/ 함께 해 줄 사람이 얼마나 있었는지.

내가 잘 돼 있을 때 나를 찾는 사람들/ 얼마 동안이나 얼마 동안이나 축하할 수 있는지.

지금 이 순간이 가장 행복할 지도 몰라.

잡히지 않는 걸 잡으려 애쓰며 세월이 나를 버리고/ 바쁘게 살다가 나 힘이 없을 땐 누가 곁에 있을까."

예전에 내가 참 좋아했던 노래, 김종환 씨의 히트곡 '공존의 의미' 노랫말 중 일부이다. 가사를 잘 음미해보라. 곡 자체가 애잔하기도 하지만 우리들의 삶과 인간관계에 대해 많은 생각을 하게 한다. 정말, 내가 즐거울 때나 슬플 때, 외롭거나 아플 때, 삶에 힘겨워할 때 내 곁에 누가 있을까? 몇 사람의 도움을 받을 수 있을까? 생각해보자.

성공을 위해 능력만큼이나 중요한 것이 인맥이다. 실제로 거의 대부분의 직장인들은 성공하기 위해 인맥이 꼭 필요하다고 생각하는 것으로 나타났다. 온라인 취업포털 '사람인'이 직장인을 대상으로 '성공을 위한 인맥의 필요성'에 대해서 조사한 결과, 무려 98.4%가 '인맥이 성공에 필요하다'라고 답했다.

또, 본인에게 도움이 되는 필수 인맥은 '10명 미만'(53.5%), '10~20명 미만'(26.9%), '20~30명 미만'(7.9%) 등의 순으로 평균 25명을 보유하고 있는 것으로 집계되었다.

물론 이런 수치는 조사마다 다를 것이다. 언제 어떤 식의 설문을 던지느냐에 따라 차이가 날 수 있다. 그러나 잊지 말라. 그런 조사에서 어떤 결과가 나타났느냐는 중요한 게 아니다. 통계보다 중요한 것은 당신 자신의 인간관계와 인맥의 상황이 어떤지이다. 힘들 때 얼마나 많은 사람으로부터 도움을 받을 수 있느냐는 말이다. 당신의 인맥은 어떤 수준인가?

●● 친구를 분석해보자

강의 중에 청중들에게 질문을 했다. "지금 여러분의 휴대폰에 입력돼 있는 전화번호가 몇 개나 되느냐?"고. 응답은 제각각. 그런데 흥미로운 현상은 최근에 이를수록 그 수가 훨씬 많아졌다는 사실. 500명 정도는 보통이요 2~3천 개의 전화번호가 입력된 사람도 적지 않다. 아마도 본격적인 SNS시대가 도래되면서 사람들과의 교류가 훨씬 다양해지고 폭이 넓어진 까닭일 것이다.

나의 경우를 통해 당신을 돌아보자. 나의 휴대전화에 입력된 전화번호는 2,500여 개에 이른다. 물론 그 번호 모두가 수시로 전화하는 번호는 아니다. 오래전에 입력됐으면서 근래 들어 전화통화를 하지 않은 번호도 상당수이다. 그리고 페이스북에서 친구관계를 맺고 있는 사람이 4천여 명이 훌쩍 넘는다. 지금까지 살아오면서 가깝든 멀든 나와 인연으로 맺고 있는 총결산이라 할 수 있다.

많다고? 그렇게 생각할 수도 있다. 이 인연을 잘 관리한다면 세상천지의 모든 사람과 끈이 닿을 지도 모른다. 그러나 이것을 좀 더 깊이 있게 분석해보면 별 게 아님을 알게 된다. 무엇보다도 사회생활을 한 햇수를 감안해야 한다. 즉, 4천여 명이라는 숫자는 50여 년 동안(성인이 된 이후)의 인생살이에 걸쳐 만나고 사귄 사람의 총결산, 인간관계의 현주소가 그렇다는 의미가 된다. 그런데 문제는 그 4천여 명이 허수라는 사실이다. 이게 문제의 핵심이다.

4천여 명과 항상 긴밀히 연락을 주고받는다면 그건 분명한 마당발이요 인맥도사다. 엄청난 인간관계요 인맥이다. 그것이 진짜 인맥이라면 국회의원 정도는 거뜬히 될 수가 있다. 그러나 허수를 털어버리고 나면 갑자기 초라해진다. 게으른 관계로 그냥 입력만 해놓고 있는 전화번호가 훨씬 많다. 대부분이라 할 수 있다. 아마 당신도 비슷한 사정일 것으로 추측된다. 그렇지 않은가?

양광모 휴먼네트워크연구소HNI 소장은 '751의 법칙을 기억하라'는 글에서 일반적인 경우 1,000명의 사람을 만나면 평균 14명 정도의 사람과 친밀한 인간관계가 형성되고 70명 정도의 사람과 어느 정도 알고 지내는 관계로 이어진다고 했다. 즉, 한 달에 200명의 새로운 사람을 만난다면 친밀한 인맥은 3명, 알고 지내는 사람은 14명 정도가 된다는 계산이다. 그러기에 만약 친밀한 인맥을 10명, 알고 지내는 휴먼네트워크를 50명 만들고 싶다면 평균 700명 정도의 새로운 사람을 만나야 한다는 '751의 법칙'을 기억하라는 것이다.

그렇다면 당신의 전화에 입력돼 있는 전화번호를 '751의 법칙'에 대입해보면 어떤 결과가 나오는지 점검해보자. 나의 경우, 751의 법칙을 적용한다면 총 2,500명의 전화번호 중 인맥이라 할 수 있는 사람은 35명이라는 계산이 나온다. 물론 정확히 적용될 상황은 아닐 테지만 말이다. 재미있는 사실은 실제로 나의 전화번호를 하나씩 점검해봤더니 그 정도 수준의 숫자가 나왔다.

가와기타 요시노리는 그의 책『마흔, 인간관계를 돌아봐야 할 시간』에서 "얼굴이 떠오르지 않는 전화번호는 지우라"고 했다. 아닌 게 아니라 당신도 전화번호를 일제히 정비할 필요가 있다. 얼굴이 떠오르지 않거나 최근 1년 이내에 전혀 연락이 없는 사람이라면 지워버려야 한다. 아니면 그와의 관계를 다시 시작하는 것도 한 방법이다. 새로운 인연을 계속 만들 것이 아니라 옛 인연을 복원하는 것도 좋은 요령이 된다.

자, 당신의 인간관계는 어떠한가? 현주소를 확실히 파악해야 앞으로의 대책과 전략이 나올 수 있다.

인맥관리 수준 자가진단표

다음의 체크리스트를 통해 간단하게 당신의 인맥관리 수준을 진단해 볼 수 있다. '예' 또는 '아니오'로 응답하고, '예' 응답 개수로 평가한다.

(1) 인맥의 가치를 충분히 인식하고 있다.
(2) 나름 신경 써서 다양한 인맥을 관리하고 있다.
(3) 기본적으로 사람을 만나고 사귀는 일을 즐기는 편이다.

(4) 인연을 맺은 사람들에 대한 정보(주소 등)를 체계적으로 관리하고 있다.

(5) 사람들에게 주기적, 정기적으로 안부를 전하거나 만난다.

(6) 직장 동료나 친인척이 아닌 사람들로 구성된 모임이 3개 이상 있다.

(7) 가족이 아플 때 대형병원에 연결되는 인맥이 있다.

(8) 가족이 휴양을 떠나려고 할 때 콘도 따위의 휴양시설을 부탁할 인맥이 있다.

(9) 남들이 어떤 일을 부탁할 때 흔쾌히 받아들이고 적극적으로 도와준다.

(10) 어떤 사람과 인연을 맺으면 그 인연을 살려 친숙한 관계로 발전시키는 경우가 많다.

(11) 스스로 생각할 때 친밀하게 아는 사람이 많은 편이다.

(12) 학창시절의 은사, 직장에서 함께 근무했던 옛 상사와 자주 연락하고 있다.

(13) 승진, 이동, 개업 등 다른 사람들의 애경사를 철저히 챙긴다.

(14) 동료, 친지의 애경사에는 축의(부의)금만 보내지 않고 꼭 참석하는 편이다.

(15) 사람들로부터 받은 명함을 체계적으로 관리하고 있다.

(16) 급한 사정이 생겼을 때 스스럼없이 도움을 청할 수 있는 친구가 여럿 있다.

(17) 사람들과의 교류를 위해 이메일, 트위터, 페이스북 등 인터넷을 최대한 활용한다.

(18) 동창회, 입사동기회, 퇴직동기회 등 학교 또는 직장동료들의 모임에 적극 참여한다.

(19) 명절, 생일 등, 기념일에 선물을 꼭 보낼 대상이 20명 이상 있다 (친인척 제외).

(20) 당신에게 안부전화를 주거나 만나자는 사람, 또는 부탁하는 지인이 많은 편이다.

* 12항목 이상 O 응답이면 인맥관리에 합격점
* 15항목 이상 O 응답이면 인맥우등생
* 18항목 이상 O 응답이면 인맥도사

결국은 인간관계

더 짧아진 인연
- 몇 단계만 거치면 인맥

너무나 유명한 이야기지만 인맥을 논하는 한 이 이야기를 빠트릴 수 없다. 일명 '6단계 이론'이다.

미국 하버드대의 심리학 교수였던 스탠리 밀그램은 1960년대 후반에 '연쇄편지'를 이용해 재미있는 실험을 했다. 그는 네브래스카 주의 오마하에 살고 있는 160명을 뽑아 매사추세츠 주의 샤론에 사는 생면부지의 평범한 주식 중개인 이름을 알려주었다. 그리고는 160명 각각의 사람들에게 자신이 생각하기에 그 주식 중개인에게 편지를 좀 더 빨리 전달할 수 있겠다고 여겨지는 사람에게 편지를 쓰게 했다. 이어 그 편지를 받은 두 번째 사람이 같은 방법으로 또 다른 인물에게 편지를 보내는 방식으로 연쇄편지를 보내는 실험을 한 것이다. 그 결과 밀그램의 편지가 대부분 여섯 단계 내에서 주식 중개인에게 전달되는 '임무'가 완료됐다.

즉, 우리는 전혀 생면부지의 사람이라도 기껏 여섯 단계만 거치면 서로 연결될 수 있다는 것이다. 이것을 '6단계 분리 이론Six Degrees of Separation'이라고 한다(밀그램 자신은 그런 용어를 사용하지 않았다). 이 실험 결과는 밀그램이 〈Psychology Today〉에 발표한 논문 'The Small World Problem'을 통해서 일반인들에게 알려지기 시작했지만 이와 유사한 실험은 여럿 있다.

물론 이런 이론에는 한계가 있다. 한국의 서울에서 직장생활을 하는 보통의 사람도 6단계만 거치면 알래스카의 에스키모와 인연이 닿는다는 의미가 아니다. 그럼에도 밀그램의 논문 제목에도 나와 있는 것처럼 세상이 의외로 좁다Small World는 것을 이해시키는데는 충분한 설득력을 발휘한다.

● 세상은 의외로 좁다

밀그램 교수의 6단계 이론과 비슷하면서도 더 의미 있는 사례가 있다. 한때 미국의 대학생들 사이에서 유행했다는 '케빈 베이컨의 6단계 게임'이다. 영화 '자유의 댄스' '어퓨 굿 맨' 등에 출연했고, 악역에서부터 선한 역에 이르기까지 어떤 장르에도 잘 어울리는 배우 케빈 베이컨Kevin Bacon. 그는 가끔 카메오로도 출연하

결국은 인간관계

는데 그 나름의 출연 원칙이 있다고 한다. 즉, 반드시 '케빈 베이컨 자신'으로 출연할 것, 그리고 '케빈 베이컨의 6단계 게임'을 언급할 것이 그것이다.

'케빈 베이컨의 6단계 게임'의 규칙은 간단하다. 영화에 함께 출연한 관계를 1단계라고 했을 때, 다른 할리우드 배우들이 케빈 베이컨과 몇 단계만에 연결될 수 있는가를 찾는 게임이다.

예를 들면, 로버트 레드포드는 '아웃 오브 아프리카'에서 메릴 스트립과 함께 주연을 맡았고, 메릴 스트립은 케빈 베이컨과 '리버 와일드'에서 함께 주연을 했으므로, 로버트 레드포드는 케빈 베이컨과 두 단계만에 연결되는 것이다.

이런 식으로, 어떤 배우든 그들이 출연했던 영화를 따라가 보면 6단계를 거치기 전에 케빈 베이컨을 만난다는 것이다. 물론 케빈 베이컨만 그런 게 아니라 다른 배우를 대상으로 조사해도 그렇다는 것인데, 그후 버지니아 대학의 컴퓨터 과학자 브레트 차덴이 텔레비전 영화를 비롯한 주요 영화에 출연했던 배우들을 조사한 결과는 평균 2.8312단계만에 베이컨과 연결이 됨을 계산해냈다.

이것은 무엇을 의미하는가? 밀그램의 법칙과는 달리 어느 정도 일하는 분야가 같으면(베이컨의 경우는 영화) 훨씬 더 빠른 단계(3단계)에서 연결된다는 것을 말한다. 즉, 당신의 인간관계는 엉뚱한 분야가 아닌 직장의 일을 통한 관계가 대부분이므로(이것을 인맥에

빗대어 '일맥'이라 한다) 6단계보다 훨씬 더 가까운 단계에서 연결이될 수 있다는 말이다. 즉, 사람 사는 세상은 결국 '사람'으로 통하고, 몇 사람의 인맥이면 세상을 장악할 수 있다는 의미가 될 것이다. 그렇게 세상은 좁다.

더구나 지금은 1960년대가 아니다. 그러니 그 단계가 훨씬 짧아지고 인간관계의 거리는 지구촌 전체로 확대된다. SNS시대이기 때문이다.

실제로 2011년 11월, 페이스북의 데이터팀이 이용자 7억2천백만 명의 친구 690억 명의 관계를 분석한 결과를 보면 그것을 실감하게 된다. 페이스북 사용자의 평균 거리는 4.74밖에 되지 않음으로써 '6단계 분리' 이론이 소셜네트워크상에서는 더 짧아진다는 말이다(소셜컴퓨팅연구소 공식블로그, 2011. 12. 5. 6단계 분리 이론 Six Degrees of Separation과 소셜네트워크).

6단계 법칙이나 페이스북 데이터팀의 분석 등, 거창한 이야기를 들먹이지 않아도 실생활에서 우리는 세상이 작고 좁음을 실감하는 경우가 많다.

수년 전, 가뭄이 극심했던 초여름 날의 이야기다. 여기저기서 기우제를 지내는 등 전국이 아우성이었다. 강의를 하기 위해 경기도 가평을 지날 때다. 조금은 허름해 보이는 식당에 의외의 플래카드가 붙어 있었다. 플래카드의 글귀는 이랬다. '하늘에서 비가 내리면 빈대떡이 공짜'. 감동이었다. 비가 오기를 바라는 애절한 마음이 아름다웠기에 사진으로 남겼다.

그리고 얼마 후, 가평과는 상당히 먼 거리인 전라남도에서 강의를 하게 됐는데 바로 그 사진을 자료로 삼아 이야기를 전개하였다. 물론 칭찬이었다. 그런데, 그런데 말이다. 그곳의 청중 중에 그 가평 식당의 가까운 친척이 앉아 있을 줄이야.

놀랐다. 좋은 사례였으니 망정이지 만약 좋지 않은 에피소드로 험담을 했다면 어떤 일이 벌어졌을까? 세상은 이렇게 좁다.

불과 서너 단계만 연결해가면 얽히고설킨 관계를 발견하게 된다. 그러니 사람을 함부로 대할 수 없음을 깨달을 것이다. 서너 단계만 이어가면 당신을 흥하게 할 수도 망하게 할 수도 있는 거니까.

양보다 질
– 선택과 집중

 기업경영의 전문화와 특화를 상징하는 말에 '선택과 집중'이라는 것이 있다. 문어발식 경영을 했다가는 죽도 밥도 안 되고 치열한 경쟁에서 밀려날 수 있기에 핵심 분야를 선택해 그것에 가용자원을 집중하자는 것인데 따지고 보면 대단한 전략은 아니다. 지극히 상식적이라 할 수 있다.

 인간관계에 있어서도 '선택과 집중'이 그대로 적용된다. 기업경영 이상으로 더 절실하고 적절한 기법이라 할 수 있다. 기업은 사정 여하에 따라 문어발식 경영을 할 수도 있다. 그러나 인맥은 문어발식, 마당발식 관리가 금방 한계에 도달한다. 사람은 누구나 1일 24시간, 1년 365일이라는 절대적 한계를 갖고 생활한다. 뿐만 아니라 개인적 편차가 있기는 해도 사람은 피할 수 없는 체력적 한계도 있다.

영국 옥스퍼드대 인류학자인 로버트 던바 교수는 사람의 뇌가 '가까운 인맥'으로 기억할 수 있는 사람은 고작해야 150명 수준에 불과하다는 '던바 숫자Dunbar's Number'라는 개념을 만들어냈다. 마당발처럼 많은 인간관계를 만들어 봐야 피상적인 관계일 뿐 실제 친분을 맺기는 힘들다는 이야기다.

한 사람이 관리할 수 있는 인맥에는 어쩔 수 없는 절대적 한계를 보일 수밖에 없다. 욕심이 크고 목표가 원대하다고 해서 무작정 많은 사람과 인맥을 형성할 수는 없다. 인맥의 넓이가 넓으면 깊이가 얕을 수밖에 없는 것은 당연하다. 따라서 제한된 시간과 체력, 그리고 기억력으로 최대의 인맥관리 효과를 내려면 어쩔 수 없이 선택과 집중 전략을 사용할 수밖에 없다. 그래서 양보다 질을 추구하는 것이 좋다. 즉, 이런저런 인연으로 알게 되고 관계를 맺게 된 사람 중에 옥석을 가리고 인간관계의 깊이를 조절해야 한다. 그것이 인생의 낭비를 줄이고 인간관계의 효율을 높이는 관건이다.

관계를 맺게 된 사람 중에서 옥석을 가린다는 게 너무 계산적이 아니냐고 생각할지 모른다. 그러나 아무리 인간관계가 중요하더라도 삶을 위한 인간관계이지 인간관계를 위한 삶은 아니다.

옥석을 가리는 데 대해선 에드워드 M. 할로웰Edward M. Hallowell의 충고를 음미해볼 필요가 있다. 그는 『창조적 단절Crazybusy』에서 인간관계를 질식시키는 기술의 진보와 과잉정보 속에서 눈코 뜰 새 없이 바쁘게 살아가는 현대인에게 넓이가 아닌 깊이를 추구하며 살기를 권고했다. 그는 정원에 꽃을 너무 많이 심으면 어떤 꽃도 제대로 자라지 못하는 것과 마찬가지로 친구가 너무 많으면 어떤 친구와도 두터운 관계를 이어가기가 힘들다는 점을 강조한다. 그래서 사람이든 일이든 지나치게 많으면 기쁨보다는 부담스러운 짐이 된다고 했다.

"친구를 가려낸다는 것이 몰인정하게 보일지라도 결국은 자기 자신에게도 상대편에게도 좋은 일이다. 참된 문명생활은 자신에게 가장 소중한 사람들과 끈끈한 관계를 맺고 자신이 가장 좋아하는 일에 몰두하는 것이다." 그의 말이다.

●● 나름의 기준을 세울 것

'선택과 집중' '양보다 질'을 추구함에 있어서 기준으로 삼아야 할 몇 가지 법칙 또는 주장이 있다. 그중의 하나가 잘 알려진 '80 대 20 법칙'이 있다. 세상의 여러 현상을 분석해보면 '80 : 20'의 분포를 보인다는 것이다. 이탈리아의 경제학자 빌프레도 파레토 Vilfredo Pareto가 처음 주장했기에 '파레토의 법칙'이라고도 한다.

이 '80대 20'의 법칙성을 인간관계에 대입해서 잘 설명해준 사람은 리처드 코치Richard Koch이다.

그는 전체 인간관계의 가치 중 80%는 20%의 인간관계에서 나온다고 했다. 또한 인생에서 성공하는 데는 몇 사람의 중요한 협력자가 있게 마련인데 그 협력자의 수도 극히 일부라고 했다. 일반적으로 협력자들이 지원하는 것의 80%는 20%도 안 되는 사람으로부터 나온다는 것이다. 그럼에도 사람들은 그 80%의 가치를 만들어내는 20%의 인간관계에 80%에 훨씬 못 미치는 관심을 기울인다(『80/20 세계를 지배하는 자연법칙』, 리처드 코치, 유한수 옮김, 21세기북스, 2002년).

리처드 코치는 사람들이 사적으로 맺을 수 있는 인간관계 중에서 즐겁고 중요한 인간관계는 수적으로 제한돼 있다고 했다. 즉, 사람들에게는 어릴 때 사귄 중요한 친구가 2명, 어른이 돼서 사귄 중요한 친구가 2명, 그리고 정말로 믿을 수 있는 의사도 2명 정도라는 것이다. 그리고 그 2명이 다른 사람을 모두 합친 것보다 더 중요할 수 있다는 것이다. 따라서 지나치게 많은 인간관계를 맺는 사람은 매우 얕은 인간관계를 형성하는 것이라고 했다. 한마디로 양보다 질을 목표로 삼으라는 충고다.

그렇다면 구체적으로 몇 명과 사귀고 몇 명과 긴밀한 유대관계를 갖는 게 좋을까? 사귀는 사람의 숫자를 확 줄이면 그만큼 깊이 있는 인간관계가 될 것이고 그 범위를 크게 넓히면 그에 비례해 얕은 관계가 될 것이다.

미국의 사회학자 이딜 드 솔라 풀Ithiel de Sola Pool은 사람이 인생을 살아가면서 3천 5백 명 정도의 사람들과 중요한 인간관계를 맺는다고 했다. 그가 말하는 '중요한 인간관계'란 깊은 인맥관계를 말하는 것은 아니다. 의미 있는 인간관계로 봐야 한다. 그의 주장이 맞는다고 가정하면 당신도 일생에 걸쳐 그 정도의 사람들과 의미 있는 인연을 맺게 될 것이다. 그렇다면 그 3천 5백 명 중에 어느 수준에서 선택하고 집중하면 될까? 파레토 법칙(80 : 20 법칙)을 대입하면 3천 5백 명의 20%인 700명 정도를 선택해 질적 인맥을 형성할 수 있다.

"한 사람이 중요한 관계를 맺을 수 있는 인간관계의 범위는 250명 정도"라고 주장한 미국의 전설적인 자동차 판매왕 조 지라드에 동조한다면 250명을 선택해 집중하면 될 것이다. 또한 앞에서 소개한 던바 교수의 이론을 따른다면 목표를 더 적게 잡아 150명을 선택할 수도 있다.

그러나 이렇게 작위적으로 목표를 삼을 수는 없다. 사람마다, 그리고 하는 일과 상황에 따라 달라질 것이니까.

정치인이라면 '사람이 곧 표'가 되기 때문에 훨씬 많은 수의 목표를 삼을 수 있다. 세일즈맨이라면 인연을 맺은 사람들 중에서 구매력이 있거나 영향력이 있는 사람을 선택해 집중할 것이다. 예술가라면 예술적 취향이 비슷한 사람만으로 선택할 수도 있다.

당신은 어떻게 선택하고 집중할 것인가? 나름대로의 기준을 정하고 인간관계에 나서야 할 것이다. 그래야 괜한 헛고생을 하지 않는다. 그래야 한정된 자원으로 최대의 효과를 얻을 수 있다.

50명 정도라도 제대로 된 인맥을 만들어 보라. 그게 과연 적은 인맥인가? 그것에 스탠리 밀그램 교수의 6단계 이론을 대입해보라. 당신이 선택과 집중을 통해 강한 인맥으로 만들어낸 50명에게 각각 50명씩의 끈끈한 지인이 있다고 하면 1단계만 거쳐도 금세 2,500명의 강한 인맥으로 연결된다. 그러니 6단계, 아니 2, 3단계만 거치면 그 휴먼네트워크는 세상을 뒤흔들 정도가 될 수 있는 것이다.

"누구와도 친구가 되려는 사람은 누구의 친구도 될 수 없다."는 말이 있다. 모든 사람의 친구가 되겠다는 생각부터가 얼마나 헛된 목표인가. 인맥에 대한 지나친 욕심을 버리고 선택과 집중을 통해 당신의 인맥지도를 그려볼 것을 권한다.

이런 인간관계 : 밀레와 루소의 우정

해질 녘, 부부가 하루 일을 마치고 두 손 모아 감사의 기도를 올리는 장면으로 유명한 그림 〈만종〉, 그리고 그것을 그린 화가 밀레를 잘 알 것이다. 지금은 세계적으로 유명한 화가지만 처음부터 그의 그림이 인정받은 것은 아니었다.

젊은 시절, 가난에 쪼들리던 화가 밀레에게 친구 루소가 찾아왔다(계몽주의 사상가 장 자크 루소가 아니라 화가 테오도르 루소다). 그리고는 "자네의 그림을 사겠다는 사람이 나타났다."며 그림값으로 300프랑을 건네주었다. 가난한 밀레에게 그 돈은 더할 수 없이 귀한 것이었다. 뿐만 아니라, 밀레는 자기의 그림이 인정받는다는 것에 자부심과 희망을 갖게 됐고 그럼으로써 더욱더 그림그리기에 몰두하게 됐다.

몇 년이 지난 후, 밀레의 작품은 화단의 호평을 받아 비싼 값에 팔리기 시작했다. 경제적 여유를 갖게 된 밀레는 자기의 작품을 팔아준 친구 루소에게 감사함을 전하기 위해 그의 집을 방문했다. 그런데 이게 웬일인가? 몇 년 전, 300프랑에 팔아줬다는 그 그림이 루소의 집에 걸려있는 것이다. 순간, 밀레는 친구 루소의 깊은 배려와 우정을 알고 눈물을 흘렸다.

가난에 찌들어 있는 친구의 자존심을 지켜주면서 사려 깊게 도와준 루소. 그 진한 우정이 없었다면 밀레는 오늘날 아무도 기억하지 못하는 무명화가로 남았을지 모른다. 이 이야기에서 우리는 깊은 인간관계와 우정이 어떤 것인지를 배우게 된다.

인맥도사의 처세
- 마당발과 다른 점

인간관계의 고수, 인맥관리의 귀재를 '인맥도사'라고 한다. 도 사란 도가 튼 사람이다. 도가 텄다는 것은 도를 깨우쳤다는 것이 다. 도道란 길이요 도리道理요 이치理致다. 따라서 인맥도사란 인간 관계와 인맥에 대한 도리를 알고 이치를 아는 사람이란 뜻이다. 단순한 마당발이나 처세기술자가 아니다. 따라서 인맥도사가 되 라는 것은 하수와는 차원이 다른 인간관계를 하는 사람이 되라는 것이다.

인맥에 대한 길을 알고 이치를 안다는 게 무슨 말인가? 차원이 다르다면 어떤 차원인가? 이것을 명쾌히 해야 지금까지와 다른 인 간관계, 경지의 인맥관리를 할 수 있다. 도사와 하수의 차이는 무엇인가?

첫째, 인맥도사는 단순히 자신의 이익을 도모하기 위한 목적으로 사람을 사귀는 게 아니다. 단지 그 목적으로 인맥을 만든다면 하수다. 도사는 '사람이 세상을 움직인다'는 인간에 대한 이치와 '관계'의 도리를 알고, 사람과 사람의 관계 속에서 자기를 실현한다는 철학과 신념에 근거해 사람을 사귄다.

둘째, 인맥도사는 사람을 사귐에 있어 분명한 원칙과 기준이 있다. 그러므로 자기에게 도움이 된다고 아무나 사귀는 사람이 아니다. 양을 추구하는 것이 마당발이라면 도사는 양과 질의 균형을 추구한다. 원칙과 신념이 있기에 그것에 어긋나면 서슴없이 양을 버리고 질을 택한다. 아무나 무조건 좋은 것이 아니라 싫은 것은 분명히 NO라고 거부할 수 있어야 도사다.

셋째, 인맥도사는 인맥이 많음을 자랑하지 않는다. 인맥 자체가 목표가 아니기 때문이다. 단순히 상대방을 이용하고 활용하려는 목적에서, 사람을 수단으로 생각하고 사귀는 것이 아니라 타인에 대한 헌신과 희생, 배려, 즉 인간에 대한 따뜻한 시선과 사랑을 바탕으로 사람을 사귀는 것이다. 그 결과로서 수많은 사람과 관계를 맺고 인맥의 끈이 연결될 뿐이다.

한마디로 인맥도사는 차원이 다른 관계를 형성한다. 그렇다면 현실에 있어서 우리가 배울 만한 '인맥도사'의 전형은 누구일까? 책을 쓰면서 당연히 떠오른 의문이다. 우리 주위에는 인간관계에 이름을 날린 사람들이 많다. 그러나 '인맥의 달인' '마당발' '막강한 인맥'이라는 식으로 소개된 사람들을 보면 단순히 '아는 사람이 엄청 많다'는 의미일 뿐이다. 우리가 본받아야 할 사람, 객관적 사실이나 분명한 에피소드로 알려진 사람은 많지가 않다. 자료를 찾다가 이 정도면 확실히 '고수 중의 고수'요, '인맥도사'로 소개할 만하다고 생각된 사람이 있는데, 바로 그 유명한 황희黃喜 정승이다.

⬤ 인맥도사 황희 정승의 사례

황희 정승은 일단 조선조 최장수 영의정이었다는 사실 자체에서 그의 인간관계(수직적이든 수평적이든)를 짐작할 수 있다. 조선조 개국 초기의 험난한 시대에 여러 왕에 걸쳐 고관의 자리를 지켰고 세종 때는 18년 동안이나 영의정으로 일했다. 이것이 출중한 능력만으로 되지는 않는다. 정치력이 대단했음을 알 수 있다. 요즘 말로 하면 '사내정치'의 귀재요 인맥도사라 할 것이다. 자료를 보면 그는 '성품이 너그럽고 어질며 침착하고 사리 깊었다'고 하는데 그것을 인정할 만한 유명한 일화가 있다.

어느 날, 그의 집에서 부리는 여자종들이 다투었다. 서로 옳다고 우기다가 그중 한 사람이 황희 정승에게 와서 자기가 옳다는 이야기를 늘어놓는다.

종의 이야기를 다 듣고 난 황희 정승은 "그래, 그래, 네 말이 옳다."고 대답했다. 그러자 다른 종도 황 정승에게 와서 자기가 옳다고 주장했다. 이야기를 다 듣고 난 황 정승은 역시, "그래, 그래, 네 말이 옳다."라고 말하는 것이었다.

옆에서 지켜보던 부인이, "대감, 옳은 것은 옳다 말씀하시고 잘못된 것은 그래서는 안 된다고 이치를 따져서 말씀하셔야지, 이놈도 옳다 저놈도 옳다고 하시면 어쩝니까?"라고 못마땅해 하자, "부인의 말도 옳은 말이오."라고 대답했다는 것이다.

이거야말로 인간관계의 덕목으로 흔히 이야기되는 'I'm OK, You're OK'의 경지를 넘어 'All is OK'의 경지라 할 수 있다. 이렇듯 그는 상대방의 입장을 잘 이해해줌으로써 원만한 인간관계의 전형을 보여준 사람으로 꼽힌다.

그에게는 적이 없었다. '이쪽도 옳고 저쪽도 옳고 모두 다 옳다'는데 적이 있을 턱이 없다. 그래서 새 임금을 섬기기를 거부하고 두문동에 들어가 숨어버린 고려의 충신들조차도 새 나라에서 벼슬자리에 오른 황 정승과는 유일하게 교류를 했다고 한다. 오늘날의 표현으로 바꾸면 그는 인간관계의 대가요, 처세의 달인, 인맥도사라 할 수 있다.

그러나 황 정승이 '이래도 좋고, 저래도 좋은' 무골호인의 수준

결국은 인간관계

에 그쳤다면 '마당발' 수준이다. 그랬다면 목이 달아나면서도 옛 왕조, 고려에 지조를 지켰던 꼬장꼬장한 선비들이 그와 교류를 했을 리 만무하다.

그를 '도사'로 보는 데는 마당발을 뛰어넘는 수준 높은 품격과 신념, 철학이 있었기 때문이다. 그는 누구보다도 소신 있는 존경할 만한 인품의 소유자였다. 존경할 만한 인품으로 존경할 만한 인간관계를 유지하려면 능수버들같이 유들유들한 처세만으로는 안 된다.

하인들의 하잘것없는 싸움에는 "I'm OK, You're OK, All OK"의 여유를 보이는 황 정승이지만 옳고 그름을 따져야 할 일에는 목숨을 걸고 자기의 소신을 굽히지 않았다. 황 정승의 진면목은 바로 그 점에 있다.

양녕대군을 폐세자하고 충녕대군을 세자로 책립할 때, 황 정승은 폐세자가 부당하다고 주장했다. 당시의 임금이 누구냐? 왕위 계승문제로 피를 보았던 태종이었다. 그럼에도 그는 "폐장입유廢長立幼(장자를 폐하고 아랫사람을 세움)는 재앙을 부르게 되는 근본이옵고…"라며 직간했다. 그로 인해 귀양살이를 떠나게 될 줄을 알면서도 그는 할 말을 하고 그 길을 택했다(나중에 복권됐지만). 그러기에 그는 단순한 마당발이 아니다. 우리가 본받을 만한 처세의 달인, 인맥도사라 할 수 있는 것이다.

마당발
- 욕망의 균형점을 찾아라

신문에 오르내리는 명사들의 프로필을 보면 '마당발'이라고 표현된 경우를 보게 된다. 그만큼 인맥이 넓다는 것이요, 폭넓은 인간관계로 성공했다는 간접적인 설명이기도 하다.

마당발. 이 말에는 양면성이 있다. 사람을 잘 사귀는 사교적인 인물이라는 긍정의 의미도 있지만, 반면에 자기주관이 없이 사람 사귀기에 열을 올리는 '브로커' 같은 인상도 있다. 물론 우리 사회에서는 일반적으로 전자의 이미지를 떠올려 부러워하는 경향이 짙다. 그러기에 명사들의 프로필에 그 단어가 동원되는 것 아니겠는가.

그런데 이 마당발이 그냥 되는 게 아니다. 상상 이상의 노력과 에너지가 투입된다. 뜨거운 열정이 있어야 하고 욕심도 있어야 하며 강인한 체력도 뒷받침돼야 한다. 마당발은 원한다고 아무나 할수 있는 게 아니다. 타고난 기질이 맞아야 한다. 그리고 무엇보다도 개인적 희생을 각오해야 한다.

마당발들은 몇 가지 공통점이 있다. 우선 '안면 트는' 일을 매우 중시한다. 그리고 인간적인 의리나 끈끈함에 많은 가치를 두기 때문에 결혼식과 상갓집을 빼놓지 않고 챙긴다. 식사도 되도록 가족이외의 사람과 하고 저녁 술자리에도 빠지지 않는다.

이들의 최대 미덕(?)은 인간관계가 원만하고 모나지 않다는 것이다. 누구를 만나도 덕담으로 시작해서 덕담으로 끝난다. 퇴근하면 집에 들어갈 생각보다 또 누구를 만날까를 궁리한다. 잠시도 가만히 있지를 않고 발로 뛰지 않으면 전화로라도 쉴 새 없이 안부를 전하고 묻는다. 그러니 아는 사람이 많을 수밖에 없다. 누가 그런 사람을 싫어하겠는가.

그러나 사람을 많이 사귄다는 게 그냥 되는 일이 아니다. 이리불려다니고 저리 끌려다녀야 한다. 때로는 자기가 좋아서 어울리고 때로는 안면 때문에 어쩔 수 없이 만나야 한다. 아무리 마당발이라도 그에게 주어진 하루는 24시간이요 1년은 365일이다. 이게 한계다. 누구에게나 똑같이 주어진 시간의 범위 내에서 인간관계를 확대한다는 것은 결국 자기만의 시간을 줄이거나 가족과 함께 하는 시간을 희생시킬 수밖에 없다는 계산이 된다. 그러니 당연히 가족으로부터 '사는 게 아니라'는 말이 나온다. 본인 스스로도 '이게 아닌데?' 라고 생각할지 모른다.

◖◗ 욕망의 균형점을 찾으라

마당발식 인간관계는 일면 후한 점수를 받는다. 보통 사람들이 보기에 도무지 믿기지 않을 부지런함과 초인적인 능력은 인정해 줘야 할 것이다. 그러나 무엇을 위해 마당발이 돼야 하는지 근본적인 의문에 스스로 답해볼 필요가 있다. 세상살이에 그렇게 많은 인간관계가 과연 필요한지도 한번 점검해볼 필요가 있을 것이다. '핵심적 소수'라는 말도 있듯이 '사소한 다수'의 인간관계보다는 정말 쓸모 있는 핵심적 소수의 인간관계를 추구하는 것이 경제적 인간관계가 되는 것은 아닌지도 따져봐야 한다. 폭넓은 인간관계가 삶의 질을 떨어뜨리고 가족까지 희생시키며 자기의 정체성에 큰 혼란을 야기하는 경우도 많음에 주목해야 한다.

인간관계가 중요하고 인맥을 형성하는 게 필요하기는 하지만 능력의 범위와 정도를 벗어나면 파괴적 결과를 가져 올 수도 있음을 경계해야 할 것이다.

당신이 혹시 마당발이거나 그것을 지향한다면 여기서 잠깐 미국의 작가 윌리엄 파워스William Powers가 『속도에서 깊이로』에서

들려준 충고를 전해주고 싶다. 그는 "인간은 외부와 연결되고자 하는 욕망과 혼자만의 시간과 공간을 추구하는 정반대의 욕망을 동시에 갖고 있다. 중요한 것은 이 두 가지 욕망의 균형점을 찾는 것이다"라고 했다.

그래 맞다. 균형이 중요하다. 사람을 많이 사귄다는 것이 나름의 파워와 장점이 있는 것이기는 하지만 삶의 질을 떨어뜨리고 자기의 정체성에 혼란을 야기할 정도라면 그건 문제다. 따라서 무엇을 위한 인간관계인지, 무엇 때문에 사람을 사귀는데 에너지를 쏟고 있는지 되물어봐야 한다.

인간관계에도 꼭 지켜야 할 것은 바로 균형이다. 욕망의 균형점을 찾는 것이다.

인맥의 위험성
– 악마의 덫이 되지 않도록

세상을 살면서 인맥을 잘 형성하고 관리하는 것은 대단히 중요하다. 필수적이다. 그러나 인맥은 양면성이 있어서 어느 범위를 넘어서면 부작용이 발생한다. 넓은 인맥을 관리하느라 시간과 돈을 뺏기고 가족과의 관계를 소홀하게 하는 정도는 개인적인 것이라 그렇다 치자. 좋은 인맥을 관리하려면 그 정도의 희생은 각오해야 한다. 그 정도의 부작용은 감수할 만하다. 그러나 그 부작용이 반사회적이요 범죄적이라면 문제는 다르다.

얼마전 세상을 떠들썩하게 하고 TV와 신문의 주요뉴스를 장식한 것 하나만 보자. 어쩔 수없이 '익명'처리를 했다.

"00은행 금품수수 의혹에 연루된 정치인들은 인맥과 학연, 지연 등으로 얽혀 있다. 마당발로 소문난 OOO회장은 OOO대학 최고 위 과정을 등록했는데 대통령부부와 정권 실세였던 아무개 회장 도 함께 다녔다."

이 보도뿐만이 아니다. 실제로 오늘날 우리나라에서 벌어지는 대형사고, 특히 권력형 비리의 대부분은 저희들끼리 '인맥'이라는 이름으로 저지른 것들이다. 이런 경우 '마당발'이니 '인맥'이니 하 는 용어는 대단히 부정적이다.

● 공과 사를 엄격히 구분할 것

매일신문(2011. 3. 5)은 '대한민국 인맥으로 통하다'는 기사에 서 너무 끈끈한 인맥이 한국사회의 병폐를 낳는다고 분석했다. 기 사를 조금 더 보자.

"검찰 수사를 받았던 급식업체 대표 아무개 씨 역시 '인맥관리 의 달인'으로 평가받는다. 그는 자기가 관리하는 인사들의 리스트 를 컴퓨터 파일로 저장하고 수시로 업데이트해 왔다고 측근들은 말했다. 130여 명에 이르는 이 자료에는 정·관계, 재계, 경찰과 검 찰을 비롯한 지방자치단체장과 건축 인·허가를 담당하는 공무원, 재개발 조합장 등이 포함돼 있었다. 특히 고향이나 출신학교는 물 론 누가 누구와 친한지 인맥지도까지 그릴 수 있는 수준의 상세한 정보가 담긴 것으로 알려졌다."

그 사건의 파장은 컸다. 그 사건에 관련돼 조사를 받았던 대학 총장이 혐의를 부인하는 유서를 남기고 극단적 선택을 한 것이다. 그는 유서에서 "악마의 덫에 걸렸다"고 했다. 그 억울하고 안타까운 심정이 그 한마디에 담겼다.

사실, 한국사회에서 정을 외면하고 인간관계의 연을 끊기는 거의 불가능하다. 그랬다가는 오히려 '나쁜 사람'으로 몰린다. 악화가 양화를 구축하는 그레셤의 법칙은 인맥사회에 그대로 적용되는 것인지 모른다. 그래서 사람들 중에는 그런 비리에 얽히기 싫어 의도적으로 사람사귀기를 회피하는 경우도 적지 않다. 사람으로부터 얻는 것보다 잃는 것이 더 결정적일 수 있기 때문이다.

그럼 어떻게 한다? 흔히들 "공公과 사私를 구분해야 한다"고 충고한다. 그 말을 하면 "누가 그걸 몰라서 악마의 덫에 걸리는가?"라고 항변할 것이다. 그 말은 세상물정 모르는 교과서 같은 이야기라고 힐난할지 모른다. 그럼에도 불구하고 인맥이 불행한 일의 단초가 되지 않으려면 결코 넘어서는 안 될 선을 넘어서는 안 된다.

사건에 연루되기가 싫어서 의도적으로 허술한 인맥 쌓기를 시도한다면 그것이야말로 '구더기 무서워 장을 안 담그는' 어리석음이다. 인간관계란 끈끈한 것이 좋다. 인맥을 형성해야 한다. 그러나 너무나 험악한 세상이기에 지켜야 할 것은 꼭 지키는 지혜가 필요하다. 즉, 공과 사를 엄격히 구분하는 것이 지혜요 요령이다. 그럼으로써 인맥이 악마와의 연결 끈이 되지 않도록 해야 한다.

인연이란 이런 것

『헬로 굿바이 헬로』(크레이그 브라운 지음, 배유정 옮김, 책읽는수요일, 2015년)를 보면 우리의 삶이 '관계'로 이루어짐을 새삼 깨닫게 된다. '영국에서 가장 재기 넘치는 작가', '현존하는 영미 최고의 유머리스트'로 꼽히는 크레이그 브라운이 기발한 아이디어로 써낸 이 책은 〈선데이 타임스〉 등 주요 매체에서 선정하는 올해의 책에 수차례 이름을 올렸다.

이 책은 어디서도 볼 수 없는 독창적인 구성으로 이루어져 있다. 작가, 배우, 가수, 화가, 작곡가, 정치인, 학자 등 셀럽 101명이 꼬리에 꼬리를 무는 '만남의 릴레이'를 펼친다. 아돌프 히틀러와 존 스콧엘리스의 만남에서 시작된 책은 존 스콧엘리스와 러디어드 키플링의 만남, 러디어드 키플링과 마크 트웨인의 만남, 마크 트웨인과 헬렌 켈러의 만남으로 이어지다가 원저 공작 부인과 히틀러의 만남으로 끝을 맺는다. 시작한 곳에서 끝남으로써 책에 등장하는 인물들은 하나의 커다란 인연의 수레바퀴를 이룬다.

기이한 인연의 끈으로 서로 연결되는 101명의 인물들을 보고 있으면, 결국 우리의 삶이 관계들로 이루어져 있음을 새삼 이해하게 된다. 책의 제목처럼, 우리는 사는 동안 끊임없이 만났다가 헤어지고 다시 만난다. 어떤 만남은 핀볼 게임처럼 삶을 예상하지 못했던 방향으로 튕겨내기도 하고, 어떤 만남은 별다른 흔적을 남기지 않고 스쳐 가기도 한다. 책에는 시종일관 절제된 유머가 깔려 있지만, 어떤 이야기들은 큰 아쉬움을, 어떤 인연은 잔잔한 감동을 남긴다. 그중의 압권은 맨 처음 등장하는 40대 초반의 아돌프 히틀러와 영국 귀족 존 스콧엘리스의 만남이다. 1931년 열여덟 살의 존 스콧엘리스는 빨간색 작은 피아트를 구입하여 처음 운전을 하다가 길을 건너던 40대 초반의 한 사내와 충돌한다. 그때 그 사내가 죽었다면 세계사는 전혀 달라졌을 것이다. 그가 아돌프 히틀러였으니까. 사람 사는 세상에서 악연이든 선연이든 인연과 관계의 중요성을 상징하기에 딱이다.

결국은 인간관계

인맥의 바탕
- 인간관계의 기본은 성실

좋은 인간관계를 위해, 그리고 인맥을 형성하기 위해 해야 할 일은 많다. 그에 관련된 수많은 책들이 그런 기법과 요령을 소개하고 있다. 그러나 그 어떤 기법과 요령도 성실과 신뢰를 뛰어넘지 못한다. 성실과 신뢰가 밑받침되지 않은 인간관계는 사상누각이다.

당신이 누군가와 인맥을 형성하기 위해 접근한다고 할 때, 상대방의 입장에서 가장 중요한 것은 당신에 대한 믿음, 즉 신뢰감이다. 그래야 상대는 마음의 문을 열고 당신에게 인맥이 될 것을 허락한다.

신뢰는 어디서 오는가. 바로 성실함에서 온다(성실과 신뢰는 동전의 앞뒤와 같다). 그러므로 인간관계의 가장 기본적인 조건은 성실이다. 더구나 요즘은 사람을 잘못 사귀었다가 어떤 화를 입을지 모르는 불신의 시대이기에 더욱 그것이 요구된다.

당신도 한번 곰곰이 생각해 보라. 직장생활을 하면서 알게 된 사람과 친구(인맥)를 맺게 될 경우 어떤 사람에게 가장 호감이 가는지를. 여러 사람 중에서 한 사람만을 꼽으라면 어떤 사람을 선택할 것인지를. 머리 좋은 사람? 학벌 좋은 사람? 현란한 개인기를 갖고 있는 사람? 돈이 많은 사람? 그렇지 않을 것이다. 그보다는 진정성을 가진 성실한 사람에게 마음이 갈 것이다. 언제나 믿을 수 있는 성실한 사람을 친구로 선호할 수밖에 없다.

일찍이 벤자민 프랭클린은 "정직과 성실을 벗으로 삼아라. 아무리 친한 벗이라도 당신 자신으로부터 나온 정직과 성실만큼 당신을 돕지는 못할 것이다. 백 권의 책보다 단 한 가지의 성실한 마음이 사람을 움직이는 데 더 큰 힘이 된다"라며 성실의 가치를 높이 봤다.

친구를 삼는 것뿐만 아니라, 기업에서 사람을 평가하는 제일의 요소 역시 성실이다. 삼성그룹을 일궈낸 호암 이병철 회장은 일찍이 "열보다 하나가 나을 때도 있다. 사람은 숫자가 많다고 좋은 것이 아니다. 성실한 사람만 골라서 쓰도록 하라"는 유명한 어록을 남겼다.

결국은 인간관계

●●● 성실이 핵심가치다

'잡코리아'가 각 기업의 채용공고를 분석한 결과를 보면 성실의 가치를 새삼 느끼게 된다. 기업에서 가장 많이 요구하는 인재상(복수응답)으로 '성실성(74.5%)'이 1위에 올랐는데 이는 공기업이나 대기업, 중소기업을 막론하고 1위였다. 이어서 책임감(45.3%), 열정(37.8%)의 순으로 나타났다. 반면에 채용을 가장 기피하는 신입사원으로 불성실한 유형이 34.5%로 가장 높았고, 다음으로 책임감 없는 유형 18.0%의 순이었다(사원수 100명 이상 기업 255개 사를 대상으로 조사한 결과다). 성실이 최고의 능력이라는 의미가 된다.

우리만 그런 게 아니다. 세계 최고의 기업이라는 GE에서도 사원을 평가할 때 정직과 성실성을 핵심 가치로 꼽는다. 업무능력이 아무리 뛰어나도 정직과 성실성이 기준에 미달하면 해고한단다.

'성실함'은 말과 느낌과 사고와 행동을 맞추고자 노력함으로써 그것들을 하나로 일치시킨 삶을 사는 것이다. 성실한 사람은 믿을 수 있다. 밖으로 드러나는 것 이상의 다른 욕망을 가지지 않는다. 남을 속이려는 생각을 가지지도 않고 악의나 교활함이 없다. 그러니 성실성이 충만할수록 인간관계는 견고해진다.

요즘 세상에 '성실' 운운하면 진부하고 구태의연한 사고방식으로 볼지 모른다. 마치 '착한 사람'이 되라는 것만큼이나 유치하게 생각될지 모른다. 그러나 세상살이의 원리는 예나 지금이나 다를 바가 없다. 아니, 세상이 급변하면 할수록 성실의 가치는 더 높아지게 될 것이다. 인간관계를 맺기에 앞서 '나는 성실한가?'라는 자문부터 해봐야 한다.

모먼트 오프 트루스
– 결정적 순간에 인간이 드러난다

모먼트 오프 트루스Moment Of Truth:MOT라는 개념이 있다. 1980년대부터 세계적인 선풍을 일으켜 지금까지 기업경영의 요체로 자리 잡고 있는 고객만족 경영의 핵심개념 중 하나이다.

'진실의 순간'으로 번역되는 MOT는 스칸디나비아 항공사의 얀 칼슨 사장이 서비스 혁신을 도모하면서 경영에 도입하였는데 원래는 스웨덴의 마케팅 학자 리차드 노만Richard Norman이 처음 사용하였다.

이 말은 원래 투우용어로써, 투우사가 여러 개의 창을 투우에 꽂아 잔뜩 약을 올린 후 난폭해진 소가 마지막으로 죽을 힘을 다해 투우사에게 덤벼들 때 소에게 결정적인 일격을 가하는 절체절명의 순간을 뜻하는 말이다. 나는 이를 결정적 순간이라고 해석한다. 고객만족경영이란 고객과의 관계에서 계속 나타나는 이 결정적 순간, MOT에 고객을 어떻게 만족시킬 것인가를 궁리하는 경영기법이다.

그러나 MOT개념은 고객만족을 위한 고객과의 관계에서 뿐만 아니라 일반적인 인간관계에서도 그대로 적용된다. 인간관계 역시 너와 나 상호간에 나타나는 결정적 순간의 연속이기 때문이다.

물론 인간관계란 언제 어디서나 항상 긴장하고 조심하고 유의해야 하는 결정적 순간들만으로 꽉 찬 그런 관계는 아니다. 평소에는 그럭저럭 별일 없이 흘러가는 게 인간관계요, 별다른 생각 없이 자연스레 사람을 대하면 그런대로 보통의 관계를 유지할 수가 있는 게 인간관계이다. 그러나 문제는 '일상적 순간'이 아니라 어쩌다(연속적이든 간헐적이든) 발생하는 '결정적 순간'에 있다.

20여 년을 동고동락하며 혈육같이 가깝게 지내던 입사동기가 '임원 승진'이라는 마지막 고지를 먼저 탈환하기 위해 선의의 경쟁을 벌이다가 결국은 심한 갈등으로 인간관계에 파국을 맞게 되는 경우를 봤는데, 이런 것이 바로 결정적 순간에 처신의 지혜를 제대로 발휘하지 못한 때문인 것이다.

⬤ 결정적 순간에 결정적 처신을

결정적 순간은 반드시 크고 거창한 사건에서만 발생하는 게 아니다. 아주 사소한 일에서도 그 순간을 맞게 된다. 상사에게 결재를 받는 순간도 경우에 따라서는 결정적 순간일 수 있으며, 동료로부터 곤란한 부탁을 받았을 때도 인간관계의 결정적 순간이 될 수 있다. 심지어, 함께 식사를 하고 누가 돈을 지불할 것인가를 고민하게 되는 갈등의 순간도 MOT일 수 있다. 그런 결정적 순간에 어떻게 처신하느냐를 보면 그 사람을 알 수가 있다. 인간은 결정적 순간에 그의 본색이 드러나기 때문이다.

기업인 P씨의 말을 들어보자.

"명예퇴직이나 구조조정이 일상화되면서 회사 내의 인간관계가 싸늘해졌습니다. 결정적인 순간에 자기를 보호하기 위해 심지어 회사나 상사의 비리를 은밀히 기록으로 남겨두는 사람이 있는가 하면, 상사나 동료 또는 경쟁자에 대해 음해를 하는 경우도 적지 않습니다.

이런 경우도 있었어요. 불가피한 사정으로 사원을 감원, 퇴출시키는데 지금껏 공손하고 양순했던 사람이 180도 바뀌는 겁니다. 게거품을 물고 온갖 욕설을 하고 보복까지 예고하는 겁니다. 최후발악 같은 추한 모습이었죠. 인간에 대한 믿음이 한순간에 무너지는 기분이었습니다.

물론 '제가 부족한 탓입니다. 저 때문에 얼마나 고심하셨습니까. 그동안 고마웠습니다' 라며 묵묵히 떠나는 사람도 없진 않았죠. 역시 결정적 순간에 사람을 알아보겠더군요."

인간이란 결정적 순간에 이기심이 발동하고 자기중심적이 되어 그동안 쌓아온 인간관계의 공든 탑을 삽시간에 무너지게 하는 우를 곧잘 범하게 된다. 어쩜 그것이 인간으로서의 나약함이요 한계일지 모른다. 따라서 인간관계를 제대로 하려면 결정적 순간에 처신을 잘해야 하고 대응을 지혜롭게 해야 한다.

결정적 순간에 어떻게 대처하느냐에 따라 인간관계의 질이 좌우되고 인간관계의 성패가 결정된다. 평소에는 잘 진행되던 인간관계가 결정적 순간에 처신과 대응을 잘못함으로써 헝클어지고 깨어지는 경우를 많이 보아 왔을 것이다.

이렇듯 인간관계의 성패는 결정적 순간에 좌우된다. 즉, 고객만족경영이 MOT에 고객을 만족시킴으로써 성공할 수 있듯이 인간관계 역시 MOT에 상대방을 만족시킴으로써 성공하게 된다.

능력은 있는데 승진이 안 된다고?
- 인맥도사들의 정치력

직장인의 최대 관심사는 승진인사와 봉급 인상이다. 그중 승진인사의 경우, 하위직에서는 업무능력이 절대적인 비중을 차지하지만 고위직으로 갈수록 여러 가지 복합적인 요소가 작용한다. 남들이 보기에는 '엉뚱한 사람'이 승진한 것 같지만 인사권자나 CEO가 볼 때는 다 그럴만한 까닭이 있어서 승진시킨 것이다. '그럴만한 까닭'의 하나가 바로 정치력이다. '인사'가 끝나고 나면 "아무개는 빽이 좋고 수완이 좋아서 승진했다"는 식으로 말하는 사람이 있지만 그것은 탈락자들이나 무능력한 사람들의 변명에 다름 아니다.

회사에서 임원을 임명할 때 과연 어떤 사람을 선택할까? 어떤 조사에 의하면, 임원이 되는 조건으로 ▶ 리더십 ▶ 업무에 대한 열정 ▶ 추진력 ▶ 뛰어난 전문 지식 ▶ 원만한 대인관계 ▶ 성실함 ▶ 폭넓은 네트워크 ▶ 믿을 만한 사람이라는 평판 ▶ 논리적이고 설득력 있는 언변 ▶ 뛰어난 외국어 실력 등을 꼽았다. 그럴듯한 요건은 다 모아 놨다. 그러나 이것을 꼼꼼히 살펴보면 결국 세 가지로 압축됨을 알 수 있다. 즉, 실적과 실력 그리고 인간관계다.

그러니까, 임원이 되는 첫째 조건은 지금까지 회사에 대한 공헌이 얼마나 있는가가 고려된다는 것이다. 뛰어난 실적이 있느냐는 것이다. 성과를 따진다는 말이다. 그리고 두 번째는 그가 무엇을 할 수 있느냐는 것, 즉 업무능력, 실력이다. 그것은 외국어일 수도 있고 특정분야에 대한 전문지식일 수도 있다. 이상의 두 가지에는 정치력이라는 게 별로 작용하지 않는다. 그러나 세 번째 조건, 즉 인간관계로 들어가면 상황은 달라진다. 아무리 똑똑한 실력자라도 때로는 정치력이 강한 사람에게 밀릴 수 있다.

정치력이란 코드일 수도 있고 수완일 수도 있다. 가장 극명한 예로써 대통령이 장관을 임명하는 것을 보자. 나라를 기업으로 친다면 장관은 임원이다. 그런데 장관을 임명할 때 대한민국에서 가장 실적이 좋고 학벌이 좋고 인품이 좋고 똑똑한 사람을 임명하는가? 당연히 아니다. 언론 등에서는 "인재를 널리 구하라"고 난리를 치지만 세상의 이치를 모르는 순진한 얘기다. 어차피 '아는 사람'을 선택하게 되어있고 끼리끼리 하게 되어있다. 그것은 옳으냐 그르냐의 문제가 아니라 현실적 문제다. 그래서 '회전문 인사'니 '코드 인사'니 하는 말이 나오는 것이다.

마찬가지로, 회사에서 간부를 임명할 때 가장 똑똑한 사람, 가장 많은 지식을 갖고 있는 사람, 가장 실적이 좋은 사람, 가장 부하에게 인기가 좋은 사람, 가장 인품이 좋은 사람을 시키는 것은 아니다. 아무리 그런 조건을 갖추었더라도 오너나 CEO와 코드가 맞지 않으면 탈락이다. 때로는 회사에 결정적인 도움을 줄 수 있는 외부 사람과 인맥이 있어야 한다. 그게 바로 정치력이다.

● 고흐와 피카소에게서 배우는 정치의 힘

그럼 직장인도 정치를 하라고? 아마도 순진한 사람은 머리를 흔들 것이다. 정치라면 '정치판의 술수'가 머리에 떠오르기 때문이다. '정치적'이라고 하면 사람들은 '술수적'이라는 말과 동의어로 생각한다. 그러니까 '정치'는 '술수'와 같은 의미가 된다. 그러기에 세상을 바르게 산다고 자부하는 사람일수록 '정치'에 혐오를 느끼게 된다. 그러나 당신이 정치를 좋아하든 싫어하든 세상을 움직이는 것은 사실상 '정치'다.

회사 내에서의 정치란 정치인들이 하는 그런 것은 아니다. 사내정치를 말한다. 직장생활의 필요악이라 불리는 '사내정치Office Politics'는 세상의 어느 기업도 그것을 공식적으로 인정하지는 않는다. 예컨대 승진인사를 앞두고 정치를 하라고 일갈해대는 CEO는 없다. 묵묵히 자기가 맡은 바 소임을 다하면 회사가 다 알아서 해준다고 말한다. 그러나 그 CEO가 그 자리에 오르기까지 정말로 묵묵히 일만 했을까?

캐서린 K. 리어돈은 『성공한 사람들의 정치력 101(It's All Politics)』에서 "어떤 직업이든 간에 업무 능력이 어느 수준에 오르고 나면 그 다음부터는 정치가 성공을 좌우한다. 그 지점에 이르면 실제로 모든 일이 정치로 이루어진다. 실력 있는 똑똑한 사람들이 자신의 아이디어를 지원해줄 결정적인 힘을 얻지 못해 정치력이 능수능란한 동료들에게 자리를 내주는 것이 오늘날 직장에서 매일 벌어지는 풍경이다"라고 말했다.

승진인사의 사례는 아니지만, 세상살이에서 정치력이 얼마나 중요한지를 잘 보여주는 사례가 있다. 그레고리 번스는 『상식파괴자』에서 우리가 너무나 잘 알고 있는 빈센트 반 고흐와 파블로 피카소를 비교해 설명하고 있다. 두 사람은 현대미술의 대가라는 점에서 공통점이 있다. 두 사람은 각각 아마추어도 한눈에 알아볼 수 있는 독특한 화풍을 가졌다. 그들이 남긴 그림은 1억 달러를 호가

하며 미술계에서 우상시 되는 것들이다. 반 고흐에게 '별이 빛나는 밤'이 있다면 피카소에게는 '게르니카'가 있다.

그러나 두 사람 모두 불멸의 화가였음에도 불구하고 반 고흐는 살아생전에 외톨이었고 가난에 힘겨워하며 빈털터리로 세상을 떠난 반면에 피카소는 살아생전에 누릴 수 있는 모든 호강을 다 누렸다. 그가 사망했을 때 7억 5천만 달러의 유산을 남겼다.

왜, 이런 차이가 생겼을까? 바로 '관계'의 차이, '정치력'의 차이이다. 고흐는 폴 고갱과 언쟁 끝에 자신의 귀를 잘라낼 정도로 가까운 사람들과의 관계를 유지하는 것조차 힘들어했다. 그는 그림 밖에 몰랐고 이질적인 세계를 거부했다. 반면에 피카소는 어떤가? 우리가 기억하듯이 피카소의 외모는 볼품없으며 키가 160센티미터밖에 되지 않는다. 그럼에도 '인간자석'이라고 불릴 정도로 사교적이었고 정치적이었기에 세상이 그의 손바닥 위에 있었고 그토록 많은 연인이 있었다.

이처럼 예술계에서조차 인맥과 정치가 필요한데 하물며 일반 직장이라면 볼 것도 없다. 그런 의미에서 직장에서 벌어지는 인사를 한문으로 人事라고 표기한 것은 참 절묘하다. '인사'란 '사람에 관한 일'이라는 것이 본뜻이지만 '사람이 하는 일'이라는 의미도 되기 때문이다. 즉, 인사란 사람이 하는 일이다. 기계가 하는 일이 아니라는 말이다. 그러기에 변수가 작용하고 타협과 조정이 작용

하며 한 단계 고도의 계산이 작용한다. 기계적 셈법으로 통하지 않는 유도리ゆとり(우리말로 '여유'라고 해석하지만 '정치'와 관련해서 '유도리'의 어감을 따라갈 우리말이 없는 것 같다)가 작용한다.

타협, 조정, 고도의 계산, 유도리가 뭐냐? 이것이 바로 정치다. 그리고 무엇보다도 '인간은 본래 정치적 동물'이다. 아리스토텔레스의 말이다.

결국은 인간관계

인맥 공식
- 인맥도사되는 1 · 2 · 3 · 4 · 5

나는 책을 쓰거나 강의를 할 때 소위 '1·2·3·4·5법'을 자주 활용한다. '1·2·3·4·5법'이란 어떤 주제에 대한 핵심 내용을 '1·2·3·4·5'라는 숫자의 음에 맞춰 풀어가는 것이다. 내가 이 기법을 쓰기 시작한 것은 1997년부터로 기억하는데 그 당시 TV 강의를 할 때 이 방법으로 효과를 톡톡히 봤다(요즘은 이 기법을 사용하는 사람이 의외로 많다).

어떤 이들은 이 '1·2·3·4·5법'을 말장난으로 치부하기도 한다. 그러나 그렇게 간단히 폄하할 일이 아니다. 어떤 내용을 숫자나 글자의 두음(초성)으로 말을 만들어 제시하는데는 그 나름의 가치와 논리가 있다.

자, 따져보자. 만약 당신이 인맥에 대한 책을 한 권 읽었다고 하자(인맥이 아닌 다른 것에 관한 책이라도 마찬가지다). 책을 덮고 나면 사실 기억에 남는 내용은 별로 없다. 시간이 지날수록 점점 더 기억에서 사라지고 나중에는 거의 아무것도 남지 않을지 모른다. 이것이 독서의 한계다. 아무리 책을 읽으면 뭐하는가. 기억에 남는 게 없다면 헛일이다. 바로 그 점에 '1·2·3·4·5법'이 비집고 들어갈 틈새가 있다.

'1·2·3·4·5법'의 가치와 논리는 다름 아니라, 수많은 기법과 요령과 내용 중에서 적어도 그 정도만이라도 확실히 알아두라는 것이다. 독자로 하여금 그 다섯 가지 만이라도 기억하도록 하겠다는 의도다. 인맥과 관련해서도 다음의 다섯 가지 정도는 늘 기억하기를 기대한다. 그것이 인맥도사가 되는 길이다.

(1) 일단 자주 만나라

사회심리학 용어에 '단순접촉효과Effect of simple contrast'라는 것이 있다. 단순노출효과The mere exposure effect라고도 하는 이것은 단지 자주 접촉(노출)하는 것만으로도 상대방에 대한 호감이 높아지게 되는 현상을 말한다. 1960년대 미시건 대학의 심리학자 로버트 자종크Robert Zajonc는 사진을 이용한 실험으로 단순노출효과를 증명했다. 사진 속 주인공에 대한 호감도는 사진을 본 횟수에 따라 증가한다는 결과를 도출한 것이다.

인간관계도 마찬가지다. 자주 만나면 정이 들게 마련이다. 심지어 '미운정 고운정'이란 말도 있지 않던가. 반대로, 아무리 가까운 사이라도 만남의 횟수가 줄어들면 그만큼 친밀함이 낮아지게 되는 것은 인지상정이다. 우리 속담에 '눈에서 멀어지면 마음도 멀어진다'고 했다.

이 단순접촉의 원리는 인맥을 만드는데도 적용이 된다. 평범한 인간관계가 인맥으로 깊어지려면 무엇보다도 자주 접촉하는 것이 중요하다는 말이다. 그래야 호감도가 높아지고 친밀감이 생기며 끈끈한 인맥으로 발전하는 것이다. 여기서 '접촉'이라는 것은 직접 만나는 것을 포함해 전화나 편지, 이메일 등 간접적인 만남을 포함하는 것이다.

이런 말이 있다. "한 달에 1시간씩, 한 번 만나는 것보다 한 달에 10분씩 여섯 번을 만나는 게 더 낫다"고. 자주 만나야 정이 들고 그래야 호감이 커진다.

물론, 무조건 접촉만 빈번해진다고 호감이 커지는 것은 아니다. 자주 접촉하는 것이 역효과를 나타낼 수도 있다. 즉, 어떤 대상을 유쾌하지 못한 상황(절망, 갈등, 경쟁 등의 상황)에서 반복적으로 접촉하게 되면 오히려 호감도가 하락하게 된다. 부정적인 인물은 자주 볼수록 점점 더 나쁘게 평가하게 된다.

즉, 단순접촉효과란 어떤 조건에서도 동일한 효과를 나타내는 게 아니다. 단순히 자주 만나는 것이 중요한 게 아니라 어떻게 만나느냐가 중요하다. 자주 볼수록 미워질 수도 있는 것이다.

그러므로 인간관계를 좋게 하기 위해서는 가급적 자주 만나되 긍정적인 반응을 얻을 수 있는 상황으로 만나야 한다. 상대방에 대한 배려를 깊이 하고 정성을 다하는 성실한 자세로 자주 만나는 게 중요하다. 만날 때마다 좋은 정보를 들려주는 친구와 돈을 빌려달라고 하는 친구 중, 어느 쪽이 만날수록 호감이 갈 것인지는 뻔하지 않은가.

(2) 이왕이면 화끈한 관계를 만들라

자주 만난다고 해도 그냥 밋밋한 관계를 유지하는 수가 많다. 예컨대 어떤 모임의 멤버로 참여하여 한 달에 한 번씩 만나는 경우라고 치자. 그러나 멤버들 중에는 벌써 화끈하게 친한 사이가 된 사람이 있는 반면에 세월이 꽤 지나도 서먹한 사이가 있다. 어느 쪽이 인맥이 될지는 분명하지 않은가.

꼭 사귀고 싶은 사람이 있다면? 그런데 상대방과 인연이 닿지 않는다면? 해답은 간단하다. 인연을 만들면 된다. 인연은 닿았지만 보다 더 깊은 '관계'로 진전되기를 희망한다면? 그 역시 해답은 간단하다. 인연을 발전시키면 된다. 진심으로 사귀고 싶고 더욱 친밀하게 지내고 싶다는 생각이 상대방에게 전달되면 상대도 쾌히 응할 것이다. 자기를 그토록 좋아하는 사람을 싫어할 까닭이 없으니까.

자연스럽게 인연이 닿아 연결되는 인맥도 있지만 때로는 귀한 인맥을 적극적으로 만들어가는 방법도 있다. 일상에서 쉽게 만들어지는 인연은 '질적으로' 낮은 수준의 인연이 되기 쉽다. 흔한 것 중에 귀한 것이 많지 않음은 상식이니까. 귀한 인연은 그만큼 기회가 많지 않다. 그 귀한 기회를 잡으려면 그만한 노력이 필요하다. 즉 화끈하게 다가가는 것이다.

사람을 사귀는 데에 '이왕이면 화끈하고 끈끈한 관계를 만드는 것'이 중요하다. 인간관계를 맺으면서도 밋밋한 관계로 유지한다면 인간관계의 효율이 낮다. 자원의 낭비, 노력의 낭비, 시간의 낭비에 다름 아니다. 정말 좋은 인맥을 만들고 싶다면 화끈하고 끈끈한 관계를 맺을 일이다.

(3) '삼고초려'의 정성이 필요하다

후한後漢의 말엽, 삼국시대에 촉한의 유비劉備는 관우關羽, 장비張飛와 의형제를 맺고 군사를 일으켰다. 관우와 장비는 매우 강한 군사를 가졌으나 조조군曹操軍에게 고전을 면치 못했다. 제대로 전략을 펼 줄 아는 책사가 없었기 때문이다. 그러던 중 유비는 제갈량의 식견이 매우 높고 훌륭하다는 소문을 듣게 된다. 그래서 제갈량의 초가집을 세 번씩이나 찾아가서 그를 '영입'하게 된다. 이후 제갈량의 지혜에 힘입어 적벽대전赤壁大戰에서 조조의 100만 대군을 격파한 것은 잘 알려진 그대로다. 여기서 유래된 말이 삼고초려 三顧草廬.

귀한 인연을 만들기 위해 무작정 화끈하게 다가가기만 해서 될 일이 아니다. 자칫하면 상대가 경계심을 가질 수도 있다. 뭔가 의도적인 접근이라고 생각하기 때문이다.

그러니까 화끈하게 다가가되 진심과 정성을 기울여야 한다. 유비가 제갈량에게 했듯이 인맥형성을 위해서 때로는 삼고초려의 노력을 들여야 한다. 삼고초려라고 해서 꼭 세 번 그 사람을 찾아가라는 말은 물론 아니다. 그 정도의 정성을 다하면 뜻이 통하고 그럼으로써 귀한 사람도 내편으로 만들 수 있다는 말이다.

뜻이 있으면 길이 있게 마련이다. 상대방의 마음을 잡으려면 삼고초려 정도의 정성과 끈질김이 있어야 한다. 세상에 쉽게 건성으로 해서 크게 이룰 수 있는 일이 어디 있겠는가. 하물며 사람의 마음을 사로잡는데야 말할 것도 없다.

(4) 사적관계로 발전시켜라

사람과 사람의 관계는 크게 둘로 구분할 수 있다. 공적관계와 사적관계. 인맥도 마찬가지다. 공적인맥과 사적인맥. 그런데 엄밀히 말하면 인맥이란 사적관계다. 공적인 관계로만 머물게 되면 인맥이라 하기 어렵다.

예를 들어 직장에서 상사와 부하의 관계로 만났다고 치자. 사람들은 이것을 공적인맥이라 할 것이다. 그런데 계속해서 상사와 부하라는 공적관계로만 유지될 때 과연 그것이 인맥일까? 그냥 상사요 부하일 뿐이다. 인사발령으로 인해 헤어지게 되면 그것으로 끝이다. 그러니 인맥이라 할 수 없다.

실제로 직장생활을 통해 그런 관계가 얼마나 많던가. 당신이 상사와 부하의 관계로 함께 근무했다고 해서 헤어진 지금도 인맥이라고 할 수 있는가? 그런 사람도 있고 그렇지 않은 사람도 있을 것이다. 그 차이는 어디에 있을까? 전자의 경우, 즉 인맥이라고 말할 수 있는 사람을 점검해보라. 그와는 이미 공적관계를 벗어나 사적관계로 발전돼 있음을 알게 될 것이다. 개인적인 친분관계를 형성한다는 말이다. 그러기에 공적으로 맺게 된 관계를 인맥으로 발전시키고 싶다면 '지혜롭게' 사적관계로 발전시켜야 한다.

결론적으로, 일을 통해 알게 된 사람과 인맥의 관계로 발전시키고 싶다면 공적관계를 업그레이드시켜 사적관계로 발전시켜야 한다. 그렇다고 공적관계와 사적관계를 칼로 금을 긋듯 명확히 구분해 단계 발전을 하라는 말이 아니다. 공적관계에 개인적 친분이 덧씌워져야 한다는 것이다.

(5) 오랫동안 신뢰를 쌓아라

인맥이 형성되려면 절대적 조건이 있다. 바로 신뢰다. 삼성의 창업주 고 이병철 회장은 "실력과 재능으로 사업에서 성공하는 것은 전투에서 승리하는 것이지만 신뢰와 진실된 마음의 휴먼네트워크를 구축하는 것은 전쟁에서 승리하는 것이다"라고 말했다. 휴먼네트워크는 신뢰로 구축해야 한다는 말이다.

인맥이란 결국 '믿을 수 있는 사람'을 만드는 것이다. 신뢰가 전제되지 않은 인간관계는 허구다. 그건 사귀는 것도 아니다. 그냥 알고 지내는 것에 불과하다.

앞에서 일단 자주 만나라, 이왕이면 화끈한 관계를 가져라, 삼고초려의 정성을 쏟으라고 했는데 그것들이 바로 신뢰를 얻기 위한 방편이거나 또는 신뢰를 바탕으로 했을 때 가능한 이야기다.

신뢰는 하루아침에 형성되지 않는다. 단 한 번의 만남으로 신뢰가 형성된다면 인맥형성은 단박에 된다. 그러나 그런 일이 일어날 가능성은 매우 희박하다. 인연이 인맥으로 승화되려면 세월이라는 숙성의 단계가 필요하다. 포도주든 김치든 익어야 명품이 되듯이 숙성을 통해 믿음이 생겨야 한다. 신뢰를 쌓아야 한다.

더구나 성인이 돼 이뤄지는 인간관계란 서로 의심하고 경계하며 시험해보는 단계를 거치게 마련이다. 마음을 쉽게 열지 않는다. 그것이 어린아이들의 인간관계와 다르다. 처음에는 상대방의 친절과 호의마저도 의심의 눈으로 본다. 인연을 맺은지 얼마 되지도 않았는데 상대가 화끈하게 다가가면 움찔하며 뒤로 물러서게 된다. 심리적 방어기제가 작동한다. 뭔가 작업을 하는 것으로 생각하기 때문이다.

아직 마음이 열려있지 않은데 상대가 빨리 빗장을 풀라고 덤비면 오히려 빗장을 더욱 단단히 조이게 된다. 따라서 인맥을 형성하려면 시간이 필요하고 인내와 정성이 필요하다.

어떤가? 좋은 인간관계, 인맥형성을 위해 해야 할 일은 많고도 많다. 꼭 필요한 덕목에 대하여는 앞으로도 계속 다뤄나갈 것이다. 그러나 일단 위에서 언급한 다섯 가지는 마음속에 꼭 박아두기를 권한다. 기억하기 쉽게 만들었으니까, 사람을 만날 때마다 되새겨보면 좋을 것이다.

인맥형성을 위한 이런 정성

미국 ABC방송의 세계적인 앵커였던 바버라 월터스Barbara Walters. 그녀는 한마디로 글로벌 인맥도사다. 보통사람들이 상상할 수 없는 광범위하고도 특유한 인맥을 자랑한다. 그게 그냥 됐을까? 그녀의 인맥을 보면 앞에서 다뤘던 다섯가지 요령이 그대로 적용됐음을 알 수 있다. 그중에서도 상대방과의 신뢰를 쌓기 위해 오랫동안 얼마나 노력했는지를 짐작케 한다.

지금은 90세가 훌쩍 넘은 나이지만 80대까지만 해도 미모가 돋보이던 초특급 저널리스트였다. 현역시절 그녀는 각국의 지도자, 유명 정치인, 영화배우, 심지어 범죄자에 이르기까지 세계의 뉴스메이커를 인터뷰했다. 그녀가 미국의 대통령은 물론, 사담 후세인 전 이라크 대통령이나 피델 카스트로 전 쿠바 국가평의회 의장 같은 이들까지, 동서와 이념을 초월해 인터뷰할 수 있었던 것은 특유의 인맥이 총동원됐기 때문이다.

서방 쪽 사람과 만나기조차 거부하는 사람들을 그녀는 어떻게 만나서 인터뷰할 수 있었을까? 다름 아니라 끈질긴 노력으로 오래된 세월을 통해 친구 같은 신뢰를 쌓았기 때문이다. 비틀스 멤버 존 레논의 살해범으로 감옥에 갇혀있던 마크 채프먼을 인터뷰하기 위해 12년간이나 공을 들여 신뢰를 쌓았다. 피델 카스트로를 인터뷰하는데는 무려 16년 동안이 걸렸다고 한다. 온갖 인연을 동원해 끊임 없이 편지를 보내는 등 믿음을 주고 상대를 감동시킨 결과다.

그녀의 사례를 통해, 당신이 인맥형성을 하려는 상대 인물이 크면 클

결국은 인간관계

수록 그에 비례하는 노력이 있어야 함을 배우게 된다. 작은 노력으로 얻어낸 인맥은 상대적으로 효용이 적을 수밖에 없다. 그것이 세상의 이치다. 그리고 크든 작든, 인맥은 신뢰라는 기반 위에 성립하는 것임을 잊어서는 안 된다.

"직원들은 내가 어떤 품격과 인간성을 가졌는지 항상 지켜보고 있다. 내가 본보기가 되지 않으면 결코 존경받을 수 없다."

- 알비에라 안티노리(Albiera Antinori : 여성, 세계에서 가장 오래된(1385년 창업) 와인회사 'Antinori'의 회장)

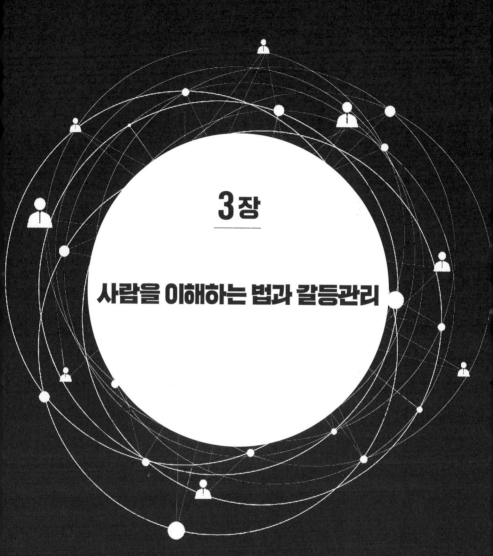

3장

사람을 이해하는 법과 갈등관리

인간관계와 입장
– 인간관계론은 입장론이다

인간관계를 잘하려면 사람에 대한 이해가 선행되어야 한다. 인간자체에 대한 이해도 물론 중요하지만 더욱 중요한 것은 상대의 '입장'에 대한 이해다. 인간관계의 문제는 서로 입장이 다름으로써 파생되는 경우가 대부분이기 때문이다. 그래서 대인관계에 갈등이나 트러블이 발생했을 때 사람들은 부지불식간에 "입장을 바꿔 놓고 생각해 보라"고 말한다. 이러한 현상은 '입장을 바꿔 보는 것'이 인간관계의 문제를 해결하는 결론적 방안임을 부지불식간에 인식하고 있다는 걸 의미한다.

실제로 입장을 바꿔보면 인간관계의 문제를 해결하는 실마리를 발견하는 경우가 많다. 그만큼 인간관계에 있어서 '입장'은 중요하며 인간관계론은 입장론이라 하여도 크게 잘못된 것이 아니다.

입장이 같으면 관점이 같고 생각하는 바가 같아지며 행동의 패턴이 동일해진다. 그러므로 인간관계에 문제가 발생할 여지가 그만큼 적다. 반면에, 입장이 다르면 관점이 다르고 생각하는 바가 다르며 행동도 달라짐으로 서로를 이해하기 어렵고 인간관계가 심각해질 우려가 높다.

따라서 인간관계를 지배하는 중요한 키워드로써 '입장'(이 말은 경우에 따라 '역할' '처지'라는 용어로 바꾸어도 무방하나 여기에서는 주로 입장이라는 용어를 사용하겠다)에 관해 깊이 생각하고 연구하는 것은 원활한 인간관계를 도모하는데 필수적이라 하겠다.

사람은 저마다 입장이 다르다. 두 사람 사이에 입장이 완벽하게 일치하는 경우란 거의 없을 것이다. 그래서 함께 사는 부부사이에도 갈등이 생기고 인간관계의 문제가 발생한다. 입장의 차이 때문이다. 그러나 입장이 서로 다르다고 해서 인간관계의 문제가 반드시 발생하는 것은 아니다.

다음 그림은 상사 A와 부하 B, C의 입장과 인간관계를 보여주는 것이다. A는 상사요 B와 C는 부하다. 그러므로 A와 B, C는 입장이 서로 다르다. 그럼에도 불구하고 부하 B는 상사 A와 갈등의 관계를 나타내는데 비하여 부하 C는 상사와 원활한 인간관계를

결국은 인간관계

입장차이와 인간관계

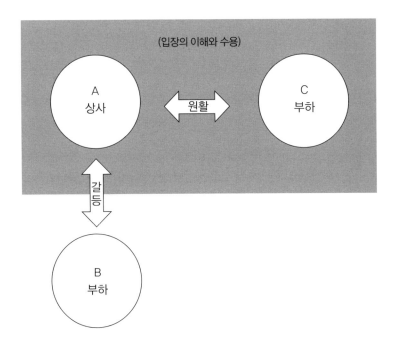

보이고 있다. 그 이유는 부하 C가 상사 A와 입장은 다르나 그의 입장을 이해하고 수용했기 때문이다.

이처럼 입장이 다르더라도 상대방의 입장을 어느 정도 이해하고 수용하느냐에 따라 문제발생의 여지가 달라진다. 인간관계의 기법이란 다름 아닌 대인관계에 있어서 입장을 바르게 이해하고 그것을 수용하는 기술이기도 하다. 상대의 입장을 바로 알면 상대방의 관점과 생각을 읽을 수 있고 그의 행동을 이해할 수 있게 된다. 상대의 입장을 수용하게 되면 입장의 큰 차이가 있는 경우에도 상대와의 관계를 원활하게 이끌어 갈 수 있다.

상사와 부하, 부모와 자식, 시부모와 며느리, 남편과 부인, 남자와 여자, 친구와 친구 등등, 그 사이에 존재하는 인간관계의 제문제를 풀기 위해 먼저 '입장'을 확실히 정리해 두어야 한다.

◖◖◗ 입장이 인간관계 문제의 핵심

'입장'을 영어로 아이덴티피케이션identification이라고 하는데 그것은 '신원'의 의미를 갖는 말이다. 또는 '입장'을 포지션position이라고도 하는데 '처지'라는 의미이다. 이처럼 우리가 인간관계에 있어서 자주 입에 올리는 '입장'은 그 뜻이 보다 광범위하다.

"부하는 상사의 입장을 이해해야 한다." ································(지위)
"그 사건에 대하여 일반인들은 군인들의 입장을 이해하지 못할
　것이다." ··(신분)
"자식으로서 부모의 입장도 좀 생각하려무나." ··············(역할)
"내 입장 좀 이해해 줘." ······································(여건)
"도망치는 자네 입장이 오죽하겠나." ·····················(처지)
"국가경제에 대하여 나는 안정론보다 성장론의 입장에 있다."
　··(주관)

위의 사례에서 보듯 '입장'은 경우에 따라 그 쓰임새가 약간씩 다른데, 인간관계와 관련하여 정의를 내린다면 '많은 사람들과 함께 살아감에 있어 여러 상황 속에서 수행하게 되는 역할'이라고 할 수 있을 것이다.

사회학자들은 역할이라는 말을, 자신이 속한 다양한 상황에서 어느 정도 표준화된 행동의 형태를 의미하는 것으로 사용한다. 이러한 표준화된 행동의 형태는 대개 이해관계나 상황에 따라 결정되지만 세부적인 것은 역할 수행자의 개인적인 성격에 의해 좌우되기도 한다.

우리는 매일매일 또는 순간순간 서로 다른 여러 가지 입장에 처하게 된다. 바꾸어 말하면, 여러 가지 상황 속에서 만나는 수많은 사람들과 함께 살아가기 위해서는 자의든 타의든 여러 가지 역할을 수행해야만 하는 것이다. 상사로서, 부하로서, 고용주로서, 노동조합원으로서, 부모로서, 자식으로서 …등등.

이러한 역할 수행의 과정에는 당연히 상대가 있게 마련이고 나의 역할과 상대방의 역할이 서로 마주하는 과정에서 인간관계의 문제가 발생하게 된다. 따라서 인간관계의 문제를 명확히 파악하려면 먼저 문제당사자의 입장을 명확히 알지 않으면 안 된다. 입장이 명확하지 않으면 문제의 초점이 흐려지기 때문이다.

입장은 문제 파악뿐만 아니라 그 문제를 해결하기 위한 대책을 수립함에 있어서도 매우 중요하며 인간관계의 목표를 설정하는데도 중요하다. 다시 말해서, 입장에 따라 인간관계의 목표가 다르고 또한 취할 수 있는 행동과 대책이 달라진다. 그러므로 인간관계를 잘하려면 자기입장과 상대의 입장을 명확히 하고 입장의 대립측면을 어떻게 조절하고 또는 수용할 것인지를 연구하여야 한다.

한약사와 양약사의 분쟁이 극에 달했을 때 형은 한약사요, 동생은 양약사인 집안이 있었다. 아무리 우애 좋은 형제라지만 한·양약 분쟁에 대한 논리에 있어서는 한 치의 양보도 없었다는 것이다. 왜 그런가? 입장에 따른 관점의 차이 때문이다.

이처럼 입장이 다르면 관점이 다르고 결국 논리가 바뀌게 된다. 특히 정치판에서 여당이냐 야당이냐는 입장에 따라 똑같은 사안에 대해서 논리가 정반대인 것을 흔히 볼 수 있다. 각 당의 대변인 성명을 보면, 입장에 따른 상반된 논리를 거의 매일 목격한다고 해도 과언이 아니다.

인간관계의 문제는 서로간의 논리 대결인 경우가 대부분이다. 이런 논리적 갈등은 관점이 다르기 때문이다. 그리고 그것은 결국 입장이 다른데에 원인이 있다. 따라서 상대방과 어떤 문제를 놓고 논리가 맞지 않거나 또는 당사자 간에 갈등이 있을 때에는 그 근원인 입장의 문제에 접근해야 한다. '입장'이 인간관계 문제의 핵심인 것이다.

입장의 이해
–상대를 이해하는 법

입장에 대하여 이야기를 더 풀어가자. 그만큼 중요하다는 얘기다. 『성공의 심리학』 저자인 데니스 웨이틀리는 입장이 관점이나 논리를 어떻게 바꾸는가를 다음과 같은 예로 설명하고 있다.

거리에는 캐럴송이 흐르고, 호화롭게 장식된 쇼윈도우는 사람의 눈길을 끈다. 산타클로스가 길모퉁이에서 춤을 춘다. 가게 앞에는 장난감도 잔뜩 쌓여 있다. 다섯 살짜리 아들은 눈을 반짝거리며 기뻐할 것이 틀림없다고 어머니는 생각했다. 그런데 예상과는 달리 아들은 어머니의 코트에 매달려 홀쩍홀쩍 울기 시작했다. "왜 그러니? 울고만 있으면 산타할아버지가 안 와요. 어머나, 구두끈이 풀어졌구나." 어머니는 길바닥에 무릎을 대고 아들의 신발 끈을 고쳐주며 무심코 시선을 돌렸다.

아무 것도 보이지 않았다. 아름다운 쇼윈도우 장식도, 산더미 같은 장난감도 눈에 들어오지 않는다. 눈에 들어오는 것은 어른들의 굵은 다리와 히프가 서로서로 밀고 밀치면서 지나가는 통로뿐이었다.

그것은 너무도 무서운 광경이었다. 어머니가 다섯 살짜리 꼬마의 눈높이에서 세계를 바라본 것은 이것이 처음이었다. 어머니는 너무 놀라 즉시 아이를 데리고 집으로 돌아갔다. 그리고는 다시는 자신을 기준으로 한 즐거움을 아이에게 강요하지 않겠다고 다짐했다.

상대방의 입장을 이해하려면 상대방과 꼭 같은 입장이 되면 된다. 그러나 그것은 현실적으로 쉬운 일이 아니다. 완벽하게 똑같은 입장이 된다는 것은 불가능할 수 있다. 다만 상대방과 같은 입장이 되기 위한 시도를 통하여 상대방의 입장을 최대한 이해하려 할 뿐이다. 상대방의 입장을 이해하기 위한 시도에는 여러 가지가 있을 수 있으나 대표적인 것으로 분석적 이해와 공감적 이해가 있다.

분석적 이해란 말 그대로 상대방의 입장이 어떠한 것인지를 객관적 증거나 정황에 입각하여 냉정하게 분석하여 이해하는 것이

결국은 인간관계

다. 이는 가슴으로 이해하는 것이 아니라, 지적으로 이해하는 냉정한 이해라 하여 쿨cool로 표현되기도 한다.

상대방의 표정이나 행위, 태도 또는 성격이나 버릇, 심지어 교우관계 등을 상대방과의 대화를 통해, 그리고 상대방에 대한 관찰이나 정보 수집을 통하여 그의 입장을 이해하는 것이 분석적 이해다.

반면에 공감적 이해란 상대방이 처한 입장과 그로 인한 감정을 상대방이 생각하고 느끼는 그대로 받아들이는 것이다. 이것은 분석적 이해에 비하여 마음으로부터의 이해 또는 인간미 넘치는 이해라 하여 핫hot으로 비유되기도 한다.

공감적 이해는 단순히 머리를 사용하여 지적으로 이해를 하거나 어떤 이론에 근거하여 분석적으로 해석하는 이해가 아니다. 그렇다고 해서 상대방을 동정하거나 무작정 상대방의 입장이 옳다고 하는 정적인 이해도 아니다. 이것은 감정이입을 통하여 상대방의 입장이 되어서 상대방의 관점과 느낌이 되어 보는 것이다.

감정이입이란 상대방을 '위하는' 감정(동정심)이 아니라 상대방과 '함께 하는'(공감하는) 감정을 의미한다. 상대방과 같은 감정이 되어보면 상대방의 입장이 자기의 입장처럼 느껴지고 상대방의 경험이 자신의 경험처럼 느껴지게 된다. 이것은 소설을 읽을 때 그속에 몰입되어 마치 자신이 책 속의 등장인물과 같은 느낌과 생각을 갖게 되는 것과 비슷한 것이다.

감정이입의 공감적 이해를 통하여 자신이 한 인간으로서의 자기 자신을 상실하지 않으면서도 상대방의 입장이 되어 상대방의 내적 세계가 마치 자기 자신의 것인 양 생각하게 되고 상대방 행동의 진정한 이유를 이해함으로써 상대방을 완전히 이해하게 되는 것이다.

분석적 이해와 공감적 이해 중 어느 것이 더 좋고 나쁜 것인지를 구분할 수는 없다. 분석적 이해가 상대방의 생각과 행동이 왜 그렇게 되었는지를 이해하는 방식이라면, 공감적 이해는 생각과 행동의 원인을 밝히려는 것이 아니라 상대방의 관점에서 생각과 행동을 이해하려는 것이다. 따라서 두 가지 방법은 서로 보완적이라고 봐야 한다.

중요한 것은 어떤 형태로든 상대를 이해하려고 노력해야 한다는 점이다. 그래야 상대방의 관점과 논리를 이해하게 되고 그럼으로써 그를 한 인간으로서, 인맥으로서 받아들일 수가 있게 될 것이다.

사람을 이해한다는 것

'동방의 등불 코리아……'로 잘 알려진 인도의 시인 타고르에 얽힌 에피소드에 이런 이야기가 있다.

어느 날, 집안일을 봐주는 하인의 출근이 늦어지자 타고르는 은근히

화가 나기 시작하였다. 시간이 많이 흘렀음에도 그가 나타나지 않자 타고르는 내심 "이 녀석 나타나기만 하면 혼내 주리라"작정하였으며 시간이 흐름에 따라 참지 못할 분노로 변했다.

오후 늦게야 모습을 드러낸 하인에게 타고르는 다짜고짜 자기의 집에서 나갈 것을 명령했다. 그러자, 주섬주섬 자신의 짐을 챙겨 가지고 나가던 하인은 뒤돌아서서 마지막 인사를 올린 후 "주인님, 정말 죄송합니다. 어젯밤 제 딸년이 죽어서…"라며 말을 잇지 못하는 것이었다.

이 충격적인 사건 이후 타고르는 어떠한 경우라도 상대방의 사정을 알아보지 않고는 남을 탓하거나 독단적인 판단을 내리지 않았다는 것이다.

위의 일화에서 우리는 자기의 관점에서만 남을 보는 것이 얼마나 위험한 일이며 상대방의 실체나 입장과 얼마나 거리가 먼 것인가를 깨닫게 된다.

인간관계와 갈등
- 갈등을 관리하는 법

당신은 사회생활을 통하여 많은 사람들과 친교를 맺고 있을 것이다. 또한 일가친척과의 교류도 빈번할 것이다. 그 친교와 교류의 인간관계를 잠시 머리에 떠올려 보자.

즐겁고 명쾌한가? 아니면 즐겁고 화기애애한 가운데서도 뭔가 껄끄러운 심적 갈등을 느끼는 경우가 종종 있는가? 정도의 차이는 있지만 후자에 해당되는 경우가 대부분일 것이다. 겉으로는 좋은 관계인 것 같으면서도 속으로는 말할 수 없는 갈등으로 속을 끓일 때가 많을 것이다.

'인생은 갈등'이라는 말이 있을 정도로 인간의 생활을 가장 많이 지배하는 문제가 갈등이다. 그래서 인간관계는 갈등관계라고 해도 과언이 아니며 갈등을 어떻게 관리하느냐 하는 것이 원활한 인간관계를 위한 핵심과제이기도 하다.

인간관계가 좋다는 것은 결국 갈등의 바람직한 관리를 통해 갈등을 적게 하는 인간관계를 말하며, 인간관계가 좋은 사람이란 갈등관리를 잘하는 사람이라 할 것이다.

갈등conflict이라는 말은 분야에 따라 그 쓰임새가 약간씩 다르다. 인간관계론의 해석과 개인의 내적 갈등을 주로 다루는 심리학적 해석이 다르며, '대립'이라는 의미의 뉘앙스를 풍기는 정치학적 정의가 또한 다르다.

논자에 따라서도 갈등은 그 강조점을 달리하고 있는데 크게 4가지 유형으로 구분하고 있다. 개인 내 갈등, 개인 간 갈등, 개인-집단 갈등, 그리고 집단 간 갈등이 그것이다. 그중에서, 인간관계론에서 다루는 대표적인 갈등은 개인 간의 갈등between individuals으로서 '둘 이상의 개인 간에 나타나는 불일치disagreement'로 정의된다.

⬤ 갈등은 나쁜가?

'갈등'이라는 어휘가 우리에게 주는 일반적인 이미지는 부정적이다. 현실적으로도 갈등이라는 말을 긍정적인 상황에서 사용하는 경우는 거의 없다. 이는 긍정적인 요소가 있음에도 불구하고 흔히 부정적으로 사용되는 '스트레스'라는 용어와 비슷한 어휘적 이미지를 갖는다고 할 수 있다.

실제로 초기의 인간관계론자들은 갈등을 스트레스와 불안을 일으키는 나쁜 것으로 보았다. 그래서 갈등을 파괴적이고 바람직하지 못한 것으로 여겨 그것이 발생하기 이전에 예방하고 제거해야 할 대상으로 생각했다. 그러나 오늘날에 있어서 갈등을 해롭고 나쁜 것으로만 매도하는 사람은 없다.

변화무쌍하고 복잡한 오늘날의 사회생활에서 그것이 조직생활이든 개인생활이든 갈등은 자연스럽고 피할 수 없는 것이다. 따라서 갈등의 존재를 인정하고 그것을 어떻게 받아들이고 어떻게 처리하는 것이 유익할 것이냐가 주된 관심사가 되고 있다. 즉, 갈등의 본질이 설령 바람직한 것이 아니라 할지라도 그것을 어떻게 수용하고 활용하느냐에 따라 유익할 수도 있고 해로울 수도 있다는 것이다. 오히려 한발 더 나아가 단순히 갈등을 수용하는데 그치지 않고 갈등을 촉진하여 건설적 기능을 확대해야 한다고 역설하는 사람도 있을 정도이다.

모든 사람은 선과 악, 합리성과 비합리성, 그리고 이기성과 이타성의 혼합체이므로 긍정적인 측면과 부정적인 측면을 동시에 지니고 있는데 이때, 긍정적인 측면을 증대시키는 갈등을 건설적 갈등 또는 기능적 갈등이라 하며, 그와 반대를 파괴적 갈등 또는 역기능적 갈등이라 한다.

결국은 인간관계

대인관계에 있어서 고의로 갈등을 촉진하는 정도의 경지에까지는 이르지 못한다 하더라도, 일단 갈등의 순기능적, 건설적, 긍정적 효과를 인식하고 갈등관리를 통해 인간관계를 보다 더 적극적으로 전개해 나가야 할 것이다.

●● 원인을 알아야 해결책이 보인다

갈등의 근원(원인)은 무엇일까? 이 역시 논자에 따라 내세우는 갈등의 근원이 다양하다. 앞에서 말한 대로 갈등의 가장 보편적인 정의는 '둘 이상의 당사자(그것이 개인이든 집단이든)간에 나타나는 불일치'이다. '불일치'는 다른 말로 '차이'이다. 그러므로 갈등은 목표의 차이, 소망의 차이, 개인의 차이, 물질의 차이, 지각의 차이, 조직의 차이, 입장(역할)의 차이, 등 '차이' 때문에 일어난다. 차이는 갈등의 필수조건으로서 유형적(돈, 자원, 물질적 속성 등)일 수도 있고 무형적(퍼스낼리티, 이상, 가치관 등)일 수도 있다.

불일치(차이)로부터 나타나는 갈등의 근원으로써 여러가지가 있으나 첫째로 퍼스낼리티의 불일치가 꼽힌다. 퍼스낼리티가 다른 사람들끼리는 당연히 서로를 좋아하지 않음으로써 갈등이 일어난다. 10인 10색이라는 말이 있듯이 사람들은 모든 측면에서 같지 않다. 더욱이 요즘처럼 개성이 강한 신세대에 이르면 더욱 그러하다. 개인 간의 퍼스낼리티가 다름으로써 비롯되는 개인간의 충돌은 가장 관리하기 어려운 갈등의 근원이다.

둘째의 근원은 가치관의 불일치이다. 가치관은 퍼스낼리티와 비슷하나 같은 것은 아니다. 가치관은 세대, 남녀, 민족, 문화, 종교, 교육수준 및 경험내용 등의 차이에 따라 달라지는데 이 같은 가치관의 차이가 갈등을 일으킴은 물론이다.

세 번째로는 의사소통의 불일치이다.

사람들 간에 일어나는 갈등의 가장 큰 근원은 비효과적인 의사소통에서 흔히 일어나는 오해misunderstanding이다. 인간관계에 있어서 오해만큼 무서운 것은 없다. 말 그대로 '잘못 알고 있는 사실'로 인해 갈등을 일으키기 때문이다. 특히 의사소통이 일방적인 하향식일 때 갈등의 정도는 더 높다.

네 번째로 꼽을 수 있는 갈등의 근원은 역시 입장(역할)의 불일치이다.

조직 또는 사회 내에서의 상대적인 신분의 차이, 지위의 차이, 최고 경영층과 하위층과 같은 계층의 차이 등 각각의 역할과 입장이 다름에 따라서 갈등이 일어나게 된다.

다섯 번째는 기능상의 불일치로써 조직을 구성하고 있는 각 부서들은 얼마만큼 서로 다른 기본적인 철학을 지니고 그것을 추구하려고 하는데, 여기에서 갈등이 일어난다. 또한 조직의 기능(목적)

과 자신의 기능(목적)이 서로 불일치할 때에도 갈등이 일어난다.

여섯 번째의 근원은 보상의 불일치이다.

조직의 구성원은 거의 언제나 승진, 인정, 칭찬, 더 높은 지위, 더 좋은 직무, 더 많은 권한 그리고 더 많은 임금을 얻고자 하지만 보상할 수 있는데는 한계가 있기에 구성원에 따라 차이가 발생할 수밖에 없다. 그러므로 서로 경쟁하게 되는데, 결국은 한정된 자원 (보상)에 대한 경쟁이 되므로(zero sum game) 여기에서 상호간에 갈등이 일어난다.

인간관계에 있어서 갈등을 해결하려면 그 근원이 무엇 때문인 지를 정확히 아는 것에서 출발한다. 그래야 해결책이 보이는 것은 당연하다. 지금 당신이 누군가와 갈등상태에 있다면 과연 그 근원 은 무엇인가 돌아보자. 그러면 해결방법이 어렴풋이나마 떠오를 것이다. 그 방법으로 가면 된다.

갈등관리에 도움이 되는 행동

o. 상대방이 현재하고 있는 행동의 원인에 대하여 주의를 집중시키 기보다는 겉으로 드러난 상대방의 말과 행동에 주의를 집중하고 그 대로 받아들인다.

o. 자기의 경험과 감정을 상대방에게 솔직하게 말해줌으로서 '차

이'를 분명히 한다.

o. 남들이 말하는 일반적인 불평을 대변하지 말고 자기 자신의 독자적인 느낌과 의견을 말한다.

o. 이미 지나간 과거의 문제를 들추어서 오히려 문제를 악화시켜서는 안 된다. 지금 당면한 문제를 다루도록 한다.

o. 상대방이 조치를 취할 수 없는 행동에 대해서는 비평을 하지 말고 상대방이 변경 가능한 행동에 대해서만 비평한다.

o. 악의적 비평이나 비평을 위한 비평은 하지 말고 서로의 이해를 증진시키고 갈등을 감소시킬 건설적인 비평을 한다.

o. 상대방에 대하여 당신이 동의하거나 안 하거나 간에, 지금 진행되고 있는 것에 당신이 유의하고 있으며 그것을 거부하지 않는다는 것을 상대방에게 확실히 알린다.

o. 갈등의 해결방안을 찾아내는데 적극적으로 임하고 개방적이 되도록 한다.

o. 상호신뢰의 바탕 위에 서로 많은 대화를 나눈다.

갈등관리에 도움이 안 되는 행동

o. 상대방의 말과 행동에 대하여 그 이유와 동기를 분석하여 당신 나름의 생각을 상대방에게 말한다.

o. 당면한 문제가 아니라 상대방의 성격(인격)에 초점을 맞추어, 당신 생각에 상대방이 어떤 부류의 사람인지를 말해준다.

o. 일방적인 불평을 늘어놓는다.

o. 상대방과의 관계에서 현재 진행 중인 사안에 관해서 보다 과거의 사안과 문제에 초점을 맞춘다.

o. 상대방 특유의 행동습관 등, 상대방이 고칠 수 없는 것에 대하여 비평한다.

o. 남을 비난하고 잘못을 집요하게 추궁한다.

o. 다른 사람을 용서하지 않고 거부한다.

o. 갈등 해결에 수동적인 것. 뒷전에 물러서서 상대방이 문제 해결의 책임을 지도록 한다..

o. 당신의 말이나 행동의 원인과 의미를 불분명하게 하는 것. 자기 자신의 느낌이나 감정을 밝히지 않고 감춘다.

o. 상대방이 말하고자 하는 것에 대하여 이해하려거나 반응을 표시하지 않는 것. 자기의 의견 표명에만 주의를 기울여 일방적인 대화를 한다.

회사내의 세대갈등
– '세대갈등'이 아니라 '입장갈등'

　인간관계가 골치 아프게 다가오는 것은 아마도 직장에서의 그 것일 것이다. 동료와의 관계도 중요하지만 특히 상사와 부하의 관계가 틀어지면 이거야말로 지옥이 따로 없다. 오죽하면 상사가 싫어서 퇴사를 하는 비율이 1위를 차지할까.

　그럼 상사는 괜찮을까? 상사도 부하를 잘못만나면 엄청난 스트레스를 받는다. 더구나 요즘은 신세대들이 직장내의 기성세대를 까닭 없이 비하한다. 겉으로는 호의적이며 충성하는 것 같아도.

　상사가 업무와 관련하여 조금만 말을 길게 하거나 따끔하게 지적을 하면 겉으로 표현을 안 해도 속으로는 "꼰대!"라고 비아냥거린다. 당연한 지시도 괜한 참견이나 쓸데없는 잔소리로 받아들인다. 그러니 상사와의 관계가 원만할 수 없다. 젊은 사원들의 속생각은 알게 모르게 언행으로 나타나고 말투와 표정만으로도 상사나 선배에게 전달되니까.

생각해보라. 일반 사회와 달리 회사의 세대차이란 별게 아니다. 일반 사회에서는 10대부터 90대까지 세대가 넓게 분포되지만 직장에서는 그렇지 않다. 고작 20대부터 50대 정도다. 가장 어린 신입사원과 나이 많은 경영층의 간격이 불과 30년 내외다. 과장이나 팀장과의 간격은 10년도 못되는 경우가 많다. 거기에는 노인충, 틀딱충, 연금충도 없으며 할매미도 없다. 상사요 선배가 기성세대라는 이름으로 존재하고 있을 뿐이다.

실상이 이러함에도 직장에서 신세대들이 40~50대의 기성세대를 향해 눈을 흘기는 것은 합리적인 판단 없이 정치 · 사회적 분위기에 휩쓸리고 세대 차이를 주장하는 이들의 부추김에 영향 받은 탓이 크다. 물론 상사나 선배들 중에 정말로 멋대가리 없는 행태 – 꼰대짓과 갑질을 하는 사람도 있지만 훨씬 더 많은 기성세대는 젊은 신세대와 오십보백보다.

이런 주장에 대하여 신세대 젊은 사원들은 항변할 것 같다. 3년 차이만 돼도 세대차이가 난다는 요즘에 10년이나 30년의 차이가 얼마나 큰 것인지 아냐고. 실제로 직장생활을 해보면 젊은 꼰대도 적지 않다고.

⬤⬤ 갈등의 실체는 바로 이것

그러나 혼동하지 마시라. 헷갈리지 마시라. 직장 내의 세대갈등은 세대 간의 차이에서 오는 갈등보다는 입장 차이에서 오는 갈등이 더 크다. 세대갈등이라기보다 입장갈등이라고 보는 게 타당하다. 서로의 입장 – 상사와 부하 – 이 다름으로써 발생하는 갈등이다.

한마디로 입장의 차이란 역할의 차이Role differences다. 조직 내에서 차지하고 있는 위치, 지위, 신분 등이 다름으로써 나타나는 차이다. 이 역할의 차이는 인식의 차이Perception differences를 발생시킨다. 즉, 같은 상황에 대하여 생각이 다르게 나타난다. 그럼으로써 갈등을 초래하게 된다.

나이에 따른 세대구분과 관계없이, 심지어 같은 세대라 하더라도 입장이 다르면 관점이 달라지고 생각이 달라지며 논리가 달라진다. 그러면 자연히 소통에 장애를 일으키고 '불통'의 문제를 야기함으로써 갈등이 생긴다. 내가 만난 벤처기업의 30대 초반 신세대 사장은 이렇게 말했다.

"요즘 신입사원들을 보면 답답합니다."

나는 웃었다. 나이로 따지면 그는 분명히 신세대인데 그의 눈에는 거의 동년배인 사원들의 행태가 못마땅한 것이다. 왜 그런가. 바로 입장이 다르기 때문이다. 직장에서 선배나 상사를 비난하는 신세대 젊은 사원도 당장 지위가 달라지면 그 사장과 똑같은 논리로 바뀔 것이다. "요즘 신입사원은 왜 그래? 우리 때는 안 그랬는데"라며 후배의 근무태도를 답답해하고 나무랄 것이다.

결론적으로 직장의 세대차이, 세대갈등이란 일반적인 세대론과 다르다. 세대차이가 작동하지 않는다는 말이 아니다. 그것보다는 입장차이, 입장갈등이 세대문제보다 앞선다는 이야기다. 그러기에 직장에서의 세대문제는 세대갈등으로 접근하기보다 '입장갈등'으로 접근의 중심을 옮기는 게 옳다. 지위와 처지가 다름으로써 발생하는 갈등이 무엇인지를 헤아리고 서로 이해해야 한다.

물론 입장 외에도 상사나 선배의 인간적인 결함, 즉 꼰대짓과 갑질로부터 오는 인간관계의 갈등도 해결하면서 말이다.

꼰대사용설명서
- 상사는 적이 아니다

인간관계에 있어서 영원한(?) 숙제의 하나가 바로 상사와의 관계다. 요즘 신세대들은 상사를 꼰대프레임에 가둬두고 마구 씹어 댄다. 그러나 조금만 깊이 생각해보자. 회사는 바꿀 수 있어도 상사를 바꿀 수는 없다. 어차피 함께 어울려야 할 대상이다. 그런데 혹시 적으로 착각하고 있지는 않은가?

에이브러햄 링컨이 미국의 제16대 대통령으로 취임하기 바로 전, 남부의 7개 주가 노예제도 폐지를 반대하며 분리 독립을 선언했다. 링컨은 노예제도를 둘러싼 갈등으로 연방이 파괴될 수 있다고 판단하고 연방을 보호하기 위해서는 전쟁도 불사해야 한다고 생각했다.

국론분열의 위기상황에서 대통령에 취임한 그는 취임사를 통해 미국민으로서의 정체성과 애국심, 그리고 단합을 호소했는데 연설 말미에 이런 말을 남겼다.

"우리는 적이 아닙니다. 친구입니다. 결코 적이 돼서는 안 됩니다."

(We are not enemies but friends. We must not be enemies.)

이 말을 직장 내에서의 세대갈등에 그대로 적용하고 싶다. 젊은 세대들은 기성세대인 상사나 선배를 마치 적처럼 생각하는 경향이 있다. 그들 때문에 회사를 떠나려고 한다. 그러나 조금만 생각을 바꿔보자. 그들은 적이 아니다. 함께 전진해야 하는 동지들이다. 결코 적이 돼서는 안 된다. 이치가 이럼에도 세대갈등이 혐오의 차원으로까지 내달린다면 자칫 세대가 다르다는 이유 하나로 상대를 적으로 착각할 수 있다. 그렇다. 상사는 적이 아니다. 입장이 다르고 생각과 처세의 방식이 다를 뿐이다.

◐ 알고 보면 착한 사람들

"알고 보면 착해!"

누군가를 이해하려 애쓸 때 용서하듯이 내뱉는 말이다. 이 말은 2018년 화제를 낳았던 tvN 드라마 〈나의 아저씨〉에 나오는 대사이기도 하다(이 평범한 말이 꼭 그 드라마에서만 사용됐을 리는 없지만).

'알고 보면 착해.'

이 말은 많은 생각을 하게 한다. 알고 보면 이해할 수 있다는 것이요, 알고 보면 모두 괜찮은 사람이라는 의미다. 〈나의 아저씨〉가 작품상으로 수상했다는 백상예술대상은 내게 별 관심의 대상이 아니었다. 대상인지 소상인지, 그런 상이 있는지도 몰랐다. 그런데 그 존재를 알게 되고 깊은 인상을 받은 것은 2019년 백상예술대상 TV드라마 부문에서 원로 탤런트 김혜자 선생이 JTBC의 〈눈이 부시게〉로 대상을 타면서다. 특히 그가 수상소감으로 그 드라마의 엔딩내레이션을 말함으로써 감명을 주었기 때문이다.

"오늘을 살아가세요. 눈이 부시게⋯

당신은 그럴 자격이 있습니다.

누군가의 엄마였고

누이였고 딸이었고

그리고 나였을

그대들에게."

그래 맞다. 우리는 아니, 당신이 눈흘겨보며 꼰대라고 생각하는 상사는 누군가의 엄마(아버지)고 누이(형)이고 딸(동생)일 것이다. 그들은 나름대로 열심히 '오늘'을 살고 있는 평범한 사람들이다.

때로는 흥분해서 힐책하고, 말도 안 되는 잔소리를 늘어놓는 사람으로 여기지만 알고 보면 모두 착한 사람들이다. 삶의 무게를 이겨내며 나름대로 최선을 다하고 있는 좋은 사람들이다.

그런 눈으로 상사를 보자. 지금 저쪽 창가의 책상에 머리를 파묻고 뭔가 끼적거리고 있는 상사를 유심히 보라. 신세대 당신의 눈으로는 "뭐 저렇게 사나?"라고 생각할지 모른다. 한심스럽게 보일 수도 있다. 그러나 그에게도 당신과 같은 청춘의 신세대 시절이 있었음을 떠올려보라.

어쩌면 당신보다 훨씬 더 총명하고 앞날이 기대되던 청년이었을지 모른다. 당신보다 훨씬 더 올곧은 소리를 하던 팔팔한 젊은이였을 수도 있다. 그런데 세월의 흐름과 함께 산전수전, 공중전까지 치르며 이제 그 뾰족하고 날카롭던 부분은 어느 샌가 두루뭉술해졌고, "옛날에는 말야….""그건 그렇게 하는 게 아냐"라며 참견하고 잔소리하는 꼰대가 되어 있는 것이다. 그도 당신만큼이나 예리하고 빳빳한 신세대였는데 말이다.

따뜻한 시선, 이해의 마음으로 다가가보라. 그는 나와 생각이 다를 뿐 결코 적이 아니다. 적이 아니라 참 좋은 상사, 참 좋은 선배임을 깨닫게 될 것이다. 알고 보면 참 괜찮은 사람이다. 단지 일하는 방식, 세상을 사는 방법, 그리고 입장이 조금 다를 뿐이다(나의 책『회사는 유치원이 아니다』에서).

생각을 바꿔야 한다. 그러면 사람이 다시 보이고 세상이 달리 보인다. 꼰대가 따로 있는 게 아니다. 기성세대를 꼰대로 보고 그렇게 취급하면 당신에게 꼰대로 다가올 것이다. 그러나 훌륭한 상사, 좋은 선배로 대접하면 그 또한 그렇게 다가온다. 알고 보면 다 좋은 사람들이다.

언젠가 나의 유튜브 방송을 통해 꼰대사용설명서라는 이름으로 방송을 한 적이 있다. 신세대가 조금만 생각을 바꾸면 꼰대들의 그 능력을 훨씬 폭발적으로 사용 가능하다는 얘기다. 어차피 기성세대와 어우러져 살아야 하니 그들을 적으로 볼 게 아니라 내편으로 만들어 어떻게 활용할 것이고 그래서 지혜롭게 능력을 발휘할 것인지 찾아야 한다, 그들의 인맥을 활용할 수 있고 경험을 활용할 수 있을 것이다.

'굼벵이도 구르는 재주가 있다'고 누구나 장점이 있고 나름의 노하우를 갖고 있게 마련이다. 상사나 선배로서의 장점을 어떻게 생각하고 어떻게 받아들이냐에 따라 달라진다. 대접하기 나름이요 활용하기 나름이다.

결국은 인간관계

상사의 특성 이해하기

0. 상사는 상사로서의 자존심이 있으며 부하로부터 존경을 받고 싶은 욕구가 대단히 강하다. 그러므로 상사에게는 협조적인 태도를 취하는 게 좋다.

0. 상사는 귀찮은 문제를 가급적 피하려 한다. 그러므로 어려운 문제가 생겼을 때는 미리 해결책을 강구해 두는 게 좋다.

0. 상사는 부하의 고마움을 모르는 성향이 있다. 그러므로 일을 하고 생색을 내거나 자랑하지 마라.

0. 상사는 부하를 가르치려 한다. 그러므로 상사의 지시나 설득에 대하여는 일단 수용하는 자세를 취하도록 한다.

0. 상사는 자기의 부하보다는 윗쪽을 더 생각한다. 그러므로 상사가 그 위의 상사에게 칭찬을 받도록 적극적으로 도와야 한다.

0. 상사는 도전보다 안정을 택하려 한다. 그러므로 새로운 아이디어를 제공할 때는 너무 급격한 변화를 피하는 것이 좋다.

0. 상사는 일반적으로 성질이 급하다. 그러므로 상사의 지시에 대해서는 조속히 처리하고, 보고를 할 때는 결론부터 말해야 한다.

0. 상사는 부하에게 말할 수 없는 것이 있다. 그러므로 모든 것을 상세히 말해주지 않는다고 해서 불만을 가져서는 안 된다.

"상사와 인간적 관계를 맺으라는 것은 아부하라는 뜻이 아니며, 설날에 선물을 싸들고 그를 찾아가라는 것도 아니다. 일로 맺어진 상사와 직원의 관계로만 남지 말고, 인생의 한때를 공유했고, 이것을 인연으로 앞으로도 관계가 지속될 '사람과 사람의 관계'로 받아들이라는 것이다."

– 구본형(상사와 잘 지내는 법, 보령제약 사보, 2005년 4월)

꼰대의 조건과 특성
- 해석하기 나름

상사나 선배 등 기성세대와의 관계를 잘 유지하려면 그들에 대한 시각을 제대로 정립할 필요가 있다. 이건 필수다. 그런데 실상은 어떤가? 소위 세대론을 다룬 책들을 보면 자연스럽게 기성세대로서 '꼰대'가 되는 조건이나 체크리스트가 등장한다. 적게는 5개의 항목에서부터 20여개가 넘는 체크리스트에 이르기까지 각양각색이다.

또 어떤 이는 신문기사나 보고서를 작성할 때 사용하는 육하원칙六何原則에 대입하여 꼰대의 조건이라 이름붙이기도 했다. 즉, Who("내가 누군지 알아?"), What("네가 뭘 안다고"), Where("어디서 감히"), When("예전에 내가 말야"), How("어떻게 나한테", "하는 짓이 어떻게 그러냐?"), Why("내가 그걸 왜?" "왜라고 묻지 마. 시키는 대로해")가 그것이다. 심지어 어떤 체크리스트에는 다음과 같은 것이 나열되기도 한다.

0. 꼰대는 요즘 젊은이들이 노력은 하지 않고 세상 탓만 한다고 생각한다.

0. 나보다 늦게 출근하는 후배가 거슬린다.

0. 후배나 부하 직원의 옷차림과 인사 예절 등을 지적한다.

0. "자유롭게 의견을 말하라."하고는 나중에 보면 내가 먼저 답을 제시한다.

0. 사람을 만나면 학번이나 나이부터 확인하려 든다.

0. 내 의견에 반대한 후배나 부하를 두고두고 잊지 못한다(화가 난다).

0. 음식점 등에서 불친절하다고 "사장 나와!"를 외친 적이 있다.

0. 후배나 부하가 커피를 알아서 대령하지 않거나 회식 때 고기를 굽지 않으면 불쾌하다.

어떤가? 한마디로 기성세대를 싸잡아 형편없는 사람들로 매도하고 있는 느낌이다. 이런 지적에 동조하면 어떻게 되는가? 이유 없이 갈등이 더 증폭될 것이다. 그들을 바라보는 시각이 삐뚤어져 있는데 실상이 제대로 보일 수가 없다.

각설하고, 너저분한 항목은 일단 논외로 하자. 그리고 꼰대의 그럴듯한 조건(특성)을 중심으로 그것이 정말 비난받아 마땅한 것인지, 아니면 괜한 시비요 눈흘김은 아닌지 좀 따져보자. 신세대들이 꼰대의 특징이라고 지적하는 체크리스트 중에서 대표적인 것 12가지를 선정했는데 그것을 긍정으로 해석하면 어떻게 되는지 비교해보는 것도 매우 흥미 있을 것이다.

◐ 긍정으로 보면 다른 사람이 보인다

아래의 각 항목 중에서 먼저 나오는 것은 일반적으로 말하는 '꼰대의 조건 또는 특성'이고, 그다음에 이어서 서술된 것은 긍정으로 해석한 것이다. 둘을 서로 비교해보면 같은 조건과 특성이라도 어떻게 생각하느냐에 따라 전혀 다르게 받아들여질 수 있음을 알게 된다.

(1) 직위 따위의 서열을 강조하며 상하관계를 중시한다.
  ⇒ 그게 어때서? 위계질서가 있어야 직장이다.
(2) 시시콜콜 잔소리가 심하다.
  ⇒ 얼마나 세심한가? 직장의 성패는 디테일이 좌우한다는 것을 아는 거다.

(3) 조언을 구하지도 않았는데 가르치려 한다.

⇒ 얼마나 친절한가? 배워서 나쁠 것 없다. 배운 것을 실제로 활용하느냐 아니냐는 듣는 사람의 몫이다.

(4) 연애, 결혼, 가족사를 비롯한 사생활을 묻고 참견한다.

⇒ 얼마나 좋은 일인가? 친근감과 관심의 표시요, 가족처럼 보살피려는 생각이니까.

(5) 인사하기, 말투, 표정, 태도, 옷차림, 화장, 헤어스타일, 술자리 매너에 이르기까지 지적한다.

⇒ 그게 나쁜 일인가? 뒤에서 흉보고 욕하면서도 말해주지 않는 것보다 몇 배 나은 거다. 그건 성공에 이르는 길을 가르쳐주는 거다.

(6) 거들먹거리며 대접받으려 한다.

⇒ 그렇게 보는 건 당신의 열등감 때문이다. 그게 바로 나이와 지위에 맞게 품위를 지키는 거다. 스스로 대접받으려 하지 않으면 대접할 놈이 없는 세상 아닌가.

(7) 나이가 많다고 다짜고짜 반말한다.

⇒ 고깝게 생각 말라. 반말은 친근함의 징표다. 당신과의 벽을 한방에 허무는 것이다. 꼬박꼬박 존댓말을 하면 관계가 서먹하다는 증거다.

(8) 별것 아닌 일에도 큰소리로 꾸중하고 질책한다.

⇒ 별것 아닌 일이란 것은 당신의 판단이다. 작은 것이 큰 사건으로 비화됨을 상사는 경험으로 잘 알고 있기에 사전에 예방하려는 거다.

(9) 과거를 미화하며 잘난 체 한다.

⇒ 잘난 체가 아니라 정말 잘난 것이다. 그만큼 아는 게 많고 에피소드가 많고 경험이 많은 것이다.

(10) "옛날에는…""내가 신입사원 시절에는…"식으로 과거를 들먹인다.

⇒ 자고로 온고이지신溫故而知新이다. 옛것을 오늘에 살려야 한다. 또한 사례로써 설명을 해야 이해하기 쉽고 실감이 나기에 경험담을 말한다.

(11) 회사 일과 단체생활을 우선시하며 사생활을 희생시킨다.

⇒ 회사생활의 원리를 몸소 실천하는 것이다. 당신처럼 사생활이 먼저고 조직과 단체를 우습게 아는 사람으로 회사가 가득하다면 회사가 어떻게 될까?

(12) 퇴근 후는 물론이고 휴일이나 휴가 중에도 업무관련 메시지를 보낸다.

⇒ 그만큼 회사에 대한 관심과 충성도가 높은 거다. 퇴근 후, 휴일, 휴가 중에 업무와 회사를 완전히 단절하고 잊어버리는 게 정상인가?

어떤가? 소위 꼰대질이라는 것을 역발상으로 해석해봤다. 기성세대라면 무조건 비난하는 분위기이기에 일부러 거꾸로 해석해본 것이다. 그러면 '꼰대질'이라며 손가락질하던 것이 다르게 다가옴을 알 수 있다. 그야말로 생각하기 나름이요 꿈보다 해몽이다. 물론 억지스런 변명, 은근히 염장 지르는 해석도 있을 것이다. 그럼에도 불구하고 이해의 눈으로 바라보면 기성세대를 다르게 볼 수 있다는 교훈을 얻게 된다.

신세대가 기성세대를 향해 손가락질 하는 '꼰대질'. 그것을 무작정 비난하며 냉소할 것이 아니라 이렇게 생각을 바꿔볼 필요도 있지 않은가. 그러면 상사와 선배가 다르게 보일 것이다. 긍정으로 보면 다른 사람이 보인다. 그래야 인간관계에 새로운 지평이 펼쳐진다.

지금 당신과 함께 일하고 있는 상사를 슬며시 쳐다보라. 책상에 머리를 파묻고 일에 열중하고 있는 그가 어떻게 보이는가? 늘 당신을 못살게 구는 나쁜 사람인가? 함께 일하기가 역겨운 사람인가? 직장에서 사라져야 할 쓰레기인가? 혐오스런 '괴물'로 보이는가?

이 질문에 답하기 전에 당신의 시선과 생각에 문제가 있는 것은 아닌지 돌아볼 필요가 있다. 대상자를 한번쯤 선의로 바라보자. 선한 눈으로 상사를 보고 선배를 보자. 그러면 다르게 보일 수 있다. 모든 건 생각하기 나름이요 보기 나름이다. 일체유심조一切唯心造다(나의 책 『회사는 유치원이 아니다』에서).

'다름'을 인정해야 달라진다
- 존이구동의 해법

사회는 어차피 서로 다른 사람들, 개성이 각각인 사람들이 모여 형성된다. 한 가족 안에서도 '금성에서 온 남자와 화성에서 온 여자'가 아이를 낳고, 구세대 부모와 신세대 자녀로 구성된다. 그래서 가족이라는 이름이 무색하게 갈등이 상존한다.

부부간에 갈등이 폭발하여 이혼을 하게 될 때 가장 큰 이유의 하나로 꼽는 것이 '성격차이'다. 금성에서 온 남자와 화성에서 온 여자의 스타일이 다르고 성격이 다른 것은 당연하다. 상식이다. 문제는 다름을 인정하지 않고 무조건 이해하라, 참아라, 네가 틀리네, 내가 맞네 하니까 결국 깨지고 마는 것이다. 성격차이를 해결하는 제1의 방안은 우선 '맞다' '틀리다'가 아니라 '다름'을 인정하는 것이다.

직장에서도 마찬가지다. 태어난 시기도, 자라난 환경도 제각각
인 사람들이 만났으니 오죽할까. 그리고는 힘을 모아 같은 목표를
달성하란다. 그렇게 제각각인 사람들이 '원팀one team'을 이루려면
무엇보다도 서로의 차이를 탓할 것이 아니라 다름을 인정해야 한
다. 다름을 인정해야 존중으로 한 걸음 더 나아갈 수 있다.

존중이란 한마디로 다양성을 인정하는 것이다. 나와 다름을 인
정하고 그 특성에 주목하는 것이다. 나와 다르다고 틀린 것이 아님
을 아는 것이다. 일상에서 다름을 인정해야 실타래처럼 헝클어진
세대차이의 문제를 풀 수 있다. 그래야 갈등이 풀린다.

달라이 라마가 말했다. "서로 다른 관점으로부터 지혜를 얻도
록 노력해야 한다"고. 즉, 다름을 인정하는 것뿐만 아니라 그것에
서 더 나은 방안, 더 나은 길을 모색하라는 것이다. 그게 지혜라는
것이다. 직장에서 상사를 비롯한 구성원들이 대화하고 토론하며
때로는 결재라는 이름으로 승인을 받고 동의를 구한다. 결재란 서
면으로 하는 대화요 토론이다. 다른 관점을 조정하고 융합하는 과
정이다. 그것이 바르게 되려면 다른 관점을 인정하고 그것으로부
터 지혜를 얻는 노력이 필요하다.

⬤ 존이구동存異求同의 해법

요즘 국론분열이라는 말을 자주 듣는다. 왜 분열이 되는가? 다름을 인정하지 않기 때문이다. 다름을 인정하는 것은 고사하고 적으로 생각하기 때문이다. 나는 당신과 생각이 다를 뿐 적이 아니라는 의식을 가져야 한다. 다름을 자연스럽게 받아들여야 한다. 갈등은 필수적이다. 그게 꼭 나쁜 것만도 아니다.

국론분열 못지않게 '사론분열社論分裂'도 심각하다. 같은 회사, 같은 팀 안에서 의견의 일치는 고사하고 눈을 흘긴다. 의견과 생각이 다르면 그것을 인정하고 존중하는 것이 아니라 혐오하고 증오한다. 이러면 회사가 제대로 될 리가 없다.

팀워크를 연구한 마틴 하스 교수와 마크 모텐슨 교수는 오늘날의 팀이 과거와 달리 점점 더 협력이 어려워지고 있음을 지적했다. 그 이유를 4-D로 분석했다. 즉, 구성원의 배경과 특징이 다양해졌고(diverse), 지역적으로 다양하게 흩어져 있으며(dispersed), 빠르고 즉흥적인 디지털 방식에 익숙하고(digital), 변화의 속도 역시 빠르고 역동적(dynamic)이어서 그렇다는 것이다. 결론은 다르기 때문에 협력해야 한다는 것이다(중앙일보, 2019. 5. 21, 송인한 교수의 글).

서로 다른 사람들이 공동의 목표를 위해 협력하려면 다르다고 배척하거나 비난해서는 안 된다. 존이구동存異求同해야 한다. 존이구동이란 '서로 다르다는 사실을 인정하고 같은 점을 찾는 것'이라는 뜻이다. 정치적인 갈등의 해결이나 혹은 인간관계의 해법으로 자주 인용되는 용어다. 상대의 의견이나 입장이 나와 다름을 인정하고 받아들여야 하며(存異), 그런 가운데서도 나와 같은 점 즉 공통점을 찾아(求同)야 함께 전진하고 승리할 수 있다는 말이다. 그것이 곧 세대차이, 세대갈등을 넘어 윈-윈하는 것이요 모두가 함께 사는 지혜다(나의 책 『회사는 유치원이 아니다』에서).

상사관리
– 재능보다는 충직함

인간관계가 다 그렇지만 상사와 부하의 관계에서도 성실과 정성이 중요시된다. 특히 좋은 부하가 되기 위한 으뜸 덕목으로 충직함을 꼽는다. 충직함이란 다름 아닌 조직이나 상사에 대한 성실과 정성을 말한다. 충직이니, 충성이니 하면 왠지 군주를 모시던 옛날 이야기로 들릴지 모르는데 세상살이의 이치는 동서와 고금이 마찬가지다.

이젠 고인이 됐지만, 우리나라 근대화에 일익을 담당했던 고 정주영 현대그룹 명예회장이 모 월간지와의 인터뷰에서 이런 말을 했었다. "사람은 능력보다 인간성이 중요하고, 배신자는 버리고 앞으로도 버릴 것"이라는 내용이었다. 누가 배신자인지, 정말 배신을 했는지는 알 바 아니고 단지, 리더의 입장에서 어떤 유형의 부하를 제1로 삼는지를 알 수 있는 의미심장한 말이다.

　최고경영자를 포함하여, 상사의 입장에서 사람(부하)을 쓸 때 어떤 사람을 선호할 것 같은가? 정 명예회장의 언급이 아니더라도 능력보다는 인간성을 중시하는 게 일반적이다. 여기서 말하는 인간성이란 다름 아닌 배신을 하지 않는 인간성, 즉 의리, 충직함을 말한다. 사람을 평가할 때 '능력, 실력' 운운하지만 그것은 제3자적 입장에서 하는 말이고, 막상 부하를 고르거나 사람을 쓸 때는 충직함이 제1의 조건이 되는 경우가 많다. 충직함이란 곧 상사에 대한 성실함을 의미한다.

　일반적으로 우리나라 사람들의 정서가 충직한 사람에게 후한 점수를 준다. 정몽주나 생육신, 사육신 그리고 구한말의 민영환 등 충신들에 대한 우리의 인식이 어떤지를 보면 알 수 있다. 옆에서 봐도 좋은데, 하물며 부하를 두어야 할 당사자인 상사의 입장에서야 충직한 부하가 더없이 좋을 것이다.

●● 상사관리의 핵심은 충직함

　상사가 유능한 부하보다 충성스런 부하를 좋아하는 까닭은 여러 가지가 있다. 그중의 하나가 인간적인 외로움 때문이다.

상사도 인간이다. 상사라고 해서 덩치가 더 큰 것도 아니며 힘이 더 센 것도 아니다(그런 상사도 있겠지만). 어쩌다가 이런저런 이유로 높이 올라간 것뿐이다. 올라갈수록 경쟁은 치열하다. 알게 모르게 적도 생긴다. 누구에게 말을 함부로 할 수도 없다. 믿을 놈이 없다. 그러니 주위에 사람은 많아도 고독하다. 군중 속의 고독이다.

상사는 외롭다. 지쳐 있다. 누군가 내편이 돼주었으면 하는 바람을 가지고 있다. 상사가 좀 잘못한 것이 있더라도 이해해주고 순순히 따라주는 그런 부하가 있기를 기대한다.

똑똑치는 않아도 좋다. 무능하지만 않으면 된다. 사실 사람의 능력이란 오십보백보. 누가 노력을 더하느냐의 문제이지 능력의 문제는 아니다. 보기 드문 천재도 있겠지만 천재적 능력이 발휘되어야 할 만큼 어려운 일이 직장에 많은 것도 아니다.

유능하다, 무능하다 하지만 따지고 보면 평균선에서 왔다갔다 하는 게 보통이다. 부하의 탁월한 능력이 꼭 필요한 경우가 있다면 그런 전문가를 스카웃하면 된다. 능력을 사오는 것은 얼마든지 가능하다. 그러나 충성심은 살 수가 없다. 살 수 있는 충성심이라면 그건 진정한 의미의 충성심도 아니다.

그러므로 상사들은, 특히 고위 경영층일수록 능력이 탁월한 재능 있는 사람보다는 충성심 강한 성실한 부하를 더 아낀다. 성심성의를 다해 조직에 충성하고 상사에게 충직한 부하 말이다.

정주영 회장이 앞에서와 같은 언급을 한 것은 산전수전 다 겪은 노련한 기업가로서 '사람'과 '처세'에 관해 결론을 내린 것이라고 보아 틀림없다. 다소 부족한 듯하더라도 상사에게 강한 충성심을 가진 성실한 부하에게 훨씬 더 믿음과 애착이 가는 건 인지상정이다. 당신이 상사라고 생각하고 어떤 부하를 옆에 둘 것인지 입장을 바꿔 상상해보면 금방 알 수 있을 것이다.

상사관리 10계명

① 상사도 인간임을 이해할 것. 완벽한 상사가 되어 주기를 기대하면 실망하게 되고 결국 관계를 망친다.

② 이왕이면 화끈한 인간관계를 형성하고 적극적으로 보좌할 것. 상사가 당신을 대하는 태도는 부하가 상사를 대하는 태도에 대한 반응이다.

③ 상사의 기대와 욕구가 무엇인지 파악할 것. 그리고 그것을 충족시켜줄 수 있도록 적극 노력할 것.

④ 상사에 대한 부하 자신의 태도를 항상 점검할 것. 자신의 가치관, 업

무스타일이 상사와 부합되는지 반성하고 개선의 노력을 기울일 것.

⑤ 상사의 성격이나 업무처리 스타일이 자신과 다를 수 있음을 인정할 것. 그리고 자기의 스타일을 상사에게 강요할 게 아니라 상사의 스타일에 자신을 맞출 것.

⑥ 상사의 지시, 명령 그리고 힐책을 쾌히 받아들일 것. 그리하여 상사가 지시하기 좋은 부하가 되도록 할 것.

⑦ 상사에 대하여 솔직하고 성실할 것. 상사로부터 호감을 살 수 있는 인격을 갖추도록 노력할 것.

⑧ 상사의 장점을 존중하고 단점을 커버할 것. 상사가 자기의 장점을 계속 강화하여 더욱 훌륭한 상사로 발전할 수 있도록 '관리'하여야 좋은 부하이다.

⑨ 상사의 성공을 위하여 협력할 것. 상사의 성공이 결국 부하 자신의 성공과 연결됨을 확신할 것(Win-Win).

⑩ 상사를 따르고 잘 보좌하되 아첨하거나 비굴하지 말 것. 일시적으로는 상사의 호감을 살지 모르나 결국은 상사를 망치고 인간관계를 해치게 된다.

부하와의 인간관계
- 헌신의 인간관계

'리더 포비아leader phobia'가 유행이다. 리더 포비아란 지도자, 리더 자리를 두려워하며 기피하는 현상이다. 사회의 변화로 인하여 리더의 책임은 그대로이지만 그 권한은 훨씬 약해졌기 때문이다. 권한이 약해졌다기보다 누릴 것이 없어지고 신경 쓸 일만 커졌기 때문이다. 말 한마디, 행동 하나에도 조심해야 한다. 자칫하면 팔로워로부터 당할 수 있으니 리더라는 입장이 두려울 수밖에 없다.

그러나 어쩌겠는가? 당신은 이미 리더의 위치에 올라선 것을. 그렇다면 운명으로 받아들여야 한다. 그리고는 적극적으로 리더로서 성공할 수 있도록 처신하는 게 맞다. 리더의 지위에 오른 바에는 팔로워에게 당하지 않고 그들이 따르게 해야 할 것이다. 그러려면 최상의 전략 중 하나가 인간적으로 그들과 관계를 맺는 것이다. 부하와의 인간관계가 중요한 이유다.

팔로워와 리더가 공식적인 관계를 떠나 끈끈한 인간적 관계를 유지하려면 무엇보다도 리더 자신이 인간적인 매력이 있어야 한다. 리더십에 여러 이론과 스킬이 있지만 현장에서 리더와 팔로워의 관계는 그렇게 이론처럼 되는 게 아니다. 인간관계란 무 자르듯 딱 잘라 되는 게 아니며, 이론이나 기법 이전에 팔로워가 인간적으로 리더가 좋으냐 싫으냐가 더 큰 힘을 발휘하는 것이다. 그런 점에서 첫 번째로 강조하고 싶은 것은 리더의 인간적인 매력이다.

인간적 매력이란 무엇인가? 애매하다. 상대가 좋으면 "인간적 매력이 있다"고 하니까 이 역시 결과론적인 해석일 수도 있다. 그럼에도 인간적 매력을 구체적으로 파고든다면 다음과 같이 설명할 수 있겠다.

첫째, 인간적이란 신神이 아니라는 의미다. 그러니 완전무결하지 않다는 뜻이 된다. 약간의 허점과 약점이 있어야 인간적이다. 밉지 않은 실수도 '인간적'의 요소가 될 것 같다. 완벽한 사람(그런 사람이 있을 것 같지 않지만)에게서 인간적 매력을 느낄 수는 없을 것이다.

둘째, 인간적이란 기계가 아니라는 의미다. 로봇에게 인간적 매력 운운할 수는 없을 것이다. 그렇다면 인간과 기계의 차이는 무엇인가. 따듯함이다. 마음이 따듯하고 생각이 따듯해야 한다. 냉혈적 인간에게서 인간적 매력을 느낄 수는 없으니까. 인간적 매력의 극치가 사랑이다.

셋째, 인간적이란 동물이 아니라는 의미다. 인간과 동물의 차이가 무엇인가? 절제와 자기통제다. 동물에게서 그것을 기대할 수는 없다. 동물적이란 본능에 따라 행동하는 것이다. 절제가 있을 수 없고 자기통제 또한 마찬가지다. 상대에 대한 배려나 양보, 손해를 감수하는 마음이 있어야 인간적이다.

결론적으로 인간적이란 인간으로서의 성질과 성향이 있는 것이다. 당신에게 그런 매력이 있는가 돌아보자. 인간적 매력은 리더십의 원천이 되는 매우 소중한 권력이다.

부하와의 관계에서 두 번째로 강조할 것은 '헌신'이다. 헌신獻身이란 자신의 이해관계를 생각하지 않고 몸과 마음을 바쳐 있는 힘을 다하는 것이다. 리더십은 그런 헌신을 통하여 형성된다.

사람들은 헌신하지 않는 리더를 따르지 않는다. 팔로워들은 안 보는 것 같으면서도 예의 주시하고 있다. 리더가 어떻게 처신하는지를. 그중에서도 팔로워를 감동시키는 것은 리더의 헌신이다. 서번트 리더십이니 섬김 리더십이니 하는 것이 등장한 것도 바로 그래서다.

리더십을 형성하려면 조직, 일, 상사, 부하, 그리고 자신에게 헌신해야 한다. 조직을 위하여 최선을 다해야 하며 일에 승부할 수 있어야 한다. 특히 부하에게 헌신하지 않고 오히려 부하의 헌신을 기대한다면 인간관계는 없다. 진정한 리더십 또한 있을 수가 없다.

◼◯ 헌신은 곧 자기를 향한 것

팔로워들이 왜 상사를 따라야 할까? 따라야 할 이유가 있어야 하는 것 아닌가? 단순히 리더가 지위가 높다고 따를까? 따르는 척할 뿐이다. 부하가 리더를 따르는 것은 이기심 때문이다. 이기심의 형태는 다양하지만.

톰 피터스Tom J. Peters는 리더십과 관련하여 성경의 황금률을 모범답안으로 제시하였다. 그래서 "베푼 만큼 받으리라"라고 했다. 그렇다. 팔로워는 베푼 만큼 따른다. 야속하지만 그게 세상사의 이치다. 오죽하면 '황금률'이라 했겠는가.

오늘날 부하가 상사를 따르고 섬기는 팔로워십의 근원은 뭐니뭐니 해도 '이기심'이다. 어떤 형태로든 팔로워 자신에게 이득이 돼야 리더를 따르고 섬긴다. 자기에게 별 도움이 안 되거나 안 됐다면 가차 없이 등을 돌린다. 부하를 이용만 해먹으려는 상사에게 더 이상 부하는 머물지 않는다.

그러니까 부하를 많이 도와줘야 한다. 부하의 이기심을 어루만져야 한다. 그것이 헌신이다. 때로는 부하의 성공을 위하여 당신이 희생할 수도 있어야 한다. 희생이라고 꼭 거창한 것을 말하는 게 아니다. 지원을 아끼지 말라는 것이다. 약간의 불편함과 손해는 기꺼이 받아들여야 한다. 그것이 리더라는 자리의 값이라고 여겨야 한다.

많은 이들이 리더가 되면 그만한 특권을 누리는 것으로 생각한다. 현실은 그럴지 모르나, 그러기에 우리 주위에 존경받는 리더가 드물다. 높은 지위로 올라간다는 것은 그에 비례하여 자신의 사적인 욕망을 희생시켜야 함을 의미한다. 우리가 기억하는 훌륭한 리더 중에 자기를 희생하지 않고 성취를 얻은 이는 단 한 사람도 없다. 그래서 존 맥스웰은 말했다. "리더십은 희생을 요구한다. 리더로서 성장하려면 희생을 감내하지 않으면 안된다. 리더십의 핵심은 희생"이라고.

팔로워에 대한 헌신과 더불어 조직과 일에 헌신하는 모습을 보여야 리더십이 서게 된다. 그것이 리더의 진정성을 보여주는 지름길이다. 헌신은 자기희생이기에 아무나 쉽게 할 수 있는 일이 아니다. 그러기에 신념으로써 헌신을 가슴깊이 새기고 실천해야 한다.

중요한 사실은 그 희생이 바로 리더 자신의 성장과 성공을 위한 밑거름이란 것이다. 그럼으로써 조직과 일과 팔로워에 대한 헌신은 곧 자신을 향한 헌신이다. 그래서 리더십은 팔로워를 이끄는 것이 아니라 자기 자신을 이끄는 것이다. 그것이 바로 리더의 셀프리더십Self-Leadership이다. 명심하자 "Leadership is to lead myself." 리더십은 궁극적으로 자신을 리드하는 것이란 뜻이다 (나의 책『당신의 스타일로 리드하라』에서).

부하와의 인간관계 10훈

부하와의 인간관계를 위하여 반드시 실천해야 할 10가지를 보자.

(1) 자기점검
리더십 발휘의 장애요인이 부하에게만 있는 것으로 생각해서는 안 된다. 문제의 근원을 우선 자기 자신으로부터 찾는 자세가 필요하다. 조직 내에서 부하와의 관계가 어떤지 인간관계론에 근거하여 자기 스스로를 냉정히 되돌아봐야 한다. 그리하여 문제를 정확히 파악해야 한다.

(2) 관점전환
부하를 감독하고 이끌어간다는 생각보다 부하의 자주적·자발적 동참을 유도할 수 있도록 도와준다는 생각으로 리더십에 대한 관점을 바꾸어야 한다.

(3) 인간존중

리더십의 근본은 인간존중에 있다. 부하를 개성을 지닌 인격체로서 존중해야 한다. 사람을 직위로 평가하여 깔보고 경멸하면 부하와의 인간관계란 성립될 수 없고 거기에 리더십이 있을 수 없다.

(4) 부하인식

'지피지기면 백전백승'이라는 말은 리더십에 있어서도 예외는 아니다. 부하의 성격, 가치관, 능력 그리고 부하가 하고 있는 일 등을 제대로 알아야 한다.

(5) 역지사지

자기중심, 자기입장에서 부하를 대해서는 안 된다. 가끔, 부하의 입장이 되어 부하의 위치에서 생각해 보라. 어떻게 리드를 하여야 할지 길이 보일 것이다.

(6) 관심부여

부하의 장점을 발견하고 부하가 무엇에 흥미를 갖고 있는지 알아두자. 상사로서 부하에 대하여 관심이 많다는 사실이 확실히 전달되지 않으면 부하가 따르지 않는다.

(7) 부하인정

사람은 누구나 인정받고 싶어한다. 사람들 앞에서 부하를 꾸짖거나 비방하지 말라고 하는 것도 부하 인정의 원칙에 위배되기 때문이다.

부하의 장점과 가치를 인정하고 칭찬함으로써 동기를 부여하고 성취의 욕구를 자극해야 한다.

(8) 신뢰조성
상사는 믿음직스러워야 한다. 신뢰는 인간관계의 원천이다. 상사를 믿을 수 있을 때 부하는 자기를 개방하고 자기의 모든 것을 상사에게 맡긴다.

(9) 자기변화
상사 자신의 사고방식(업무추진 방법, 인생관, 가치관, 직장생활의 자세 등)을 분명하게 하되 부하의 입장을 고려하여 '나'를 바꿀 수 없는지 돌아보자. 그리고 자기변혁을 통해 리더십의 지속적인 향상을 추구해나감으로써 상황변화, 시대변화에 능동적으로 대처하여야 한다.

(10) 목적인식
어떤 경우라도 리더십을 왜 발휘해야 하는지 목적을 분명히 인식하고 있어야 한다. 부하개인의 만족 이상으로 중요한 것은 조직목표, 과업의 달성이다. 그리고 리더십의 행사가 부하의 육성, 발전 못지않게 리더 자신의 성공에도 밑거름이 되어야 함을 잊지말아야 한다.(Win -Win)

궁극적 목표와 기법
- 사랑하라

'인맥도사'가 되려면 남과 차원이 달라야 한다. 그 '차원'이란 단순한 인간관계를 넘어 '인간애人間愛', 즉 사랑을 바탕으로 해야 한다는 것이 나의 주장이다. 인맥을 말하면서 웬 사랑? 너무 거창하게 나간다고 생각할지 모른다. 그러나 오랫동안 인간관계를 연구하면서 '도사'와 '하수'를 가름하는 결정적 차이는 '사랑'이다. 그냥 사람사귀기를 좋아하는 것이 아니라 타인에 대한 따뜻함, 배려, 관대함이 기초된 사랑의 인간관계여야 '도사'의 경지다. 아니 경지를 따지기 전에 우리가 지향해야 할 인간관계의 방향이다.

결혼식의 주례를 서는 경우가 있다. 성혼선언을 하고 주례사가 시작되면 나는 이렇게 또 선언(?)을 한다. "이 순간부터, 가슴 뛰는 사랑은 끝났습니다. 그리고 법적, 도덕적으로 의무적인 사랑이 시작됩니다." 이쯤되면 신랑과 신부는 의아한 눈으로 쳐다본다. 하객들 사이에서는 웃음소리가 터지기도 한다. 가슴 뛰는 결혼 첫날에 '이게 웬 김빠지는 소리인가?' 했을지 모른다. 나는 말을 잇는다. "그동안 연애를 하면서 가슴 설레던 사랑은 끝나고 이제 부부로서의 의무적인 사랑이 시작됐다는 말입니다. 그러나 잊지 마세요. 가슴 뛰는 사랑보다 더 소중하고 위대한 것이 의무적인 사랑입니다."

⬤ 사랑은 의지요 선택이다

우리는 흔히 '의무적인 사랑'이라면 '하기 싫은 사랑' '무미건조한 사랑' '시들해진 사랑'을 머리에 떠올린다. 부부니까 어쩔 수 없는 관계로 생각한다. 한마디로 사랑 같지 않은 사랑을 의미하는 것이다. 그러나 생각을 바꿔서 곰곰이 따져보자. 의무적인 사랑의 가치가 어떤 것인지 새삼 다가올 것이다. 그 증거를 영화 〈님아, 그 강을 건너지 마오〉에서 발견하게 된다.

그 다큐멘터리 영화의 주인공은 98세 조병만 할아버지와 89세 강계열 할머니였다. 76년을 함께 산 부부라면 가슴 뛰는 사랑이 있을 수 없다. 그럼에도 그들의 이야기가 20대 젊은이에서부터 노인들에 이르기까지 깊은 감동을 준 것은 의무적인 사랑의 숭고함 때문이다. 늙고 병들어 세상을 떠날 때까지 곁을 지키며 서로 사랑할 수 있는 것은 가슴이 뛰기 때문이 아니라 부부라는 인연의 의무 때문이다.

"아니, 의무적인 마음으로 사랑이 가능합니까?"라고 묻는 사람이 있다면 고故김수환 추기경님의 말씀을 들려주고 싶다. "사랑은 감정이나 느낌이 아닙니다. 사랑은 의지입니다. 사랑은 사랑하겠다는 결심에서 출발합니다"라는 말씀 말이다. 미국의 저명한 정신의학자이자 베스트셀러 작가인 스캇 펙M. Scott Peck도 같은 말을 했다. "사랑은 의지의 행위다. 의지에는 선택이 따른다. 우리는 사랑하기로 선택하는 것이다"라고.

주례사를 시작으로 내가 여기서 '사랑타령'을 하는 이유가 있다. 당신의 아내를 그렇게 사랑하라는 권고를 하려는 게 아니다. 우리들 직장인들이 함께 일하는 주변의 상사와 동료 그리고 부하에 대하여도 똑같은 논리가 성립함을 이야기하고 싶어서다.

우리는 직장에서 여러 사람과 관계를 맺고 일을 한다. 상사라는 이름으로 또는 동료와 부하라는 이름으로. 그것은 결코 가슴 뛰는 관계가 아니다. 그들과 함께 일하는 것이 가슴설레기 때문이 아니다. 그것은 전형적인 의무적 인간관계다. 이런 관계에서는 당연히 갈등이 생긴다. 때로는 사랑이 아니라 공포심으로 가슴이 뛸 수도 있다. 80%가 넘는 직장인들이 직장 내의 인간관계 때문에 스트레스를 받는다고 한다. 특히 상사와의 관계가 문제여서 심지어 상사가 보기 싫어서 근무부서를 바꾸고 경우에 따라 직장을 떠나기까지 한다.

상사든 동료든 또는 부하든 간에 꼴 보기 싫은 사람은 어디에나 있게 마련이다. 나도 그런 상사를 만난 적이 있는데 그 스트레스로 인하여 지독한 과민성대장증상으로 고생을 했었다. 그러나 지나고 나서 돌아보면 별것도 아닌 걸 갖고 그때는 왜 그렇게 심각하게 받아들이며 '원수'처럼 생각했는지 모르겠다. 당연히 후회한다. 다시 그때로 돌아간다면 현명하게 대처할 것 같다.

●● 감정을 넘어 사랑을 선택해보자

직장에서 서로 코드가 맞지 않는 사람과 함께 일해야 한다면 어떻게 해야 할까? 그런 갈등은 적극적으로 빨리 해결하는 게 좋다. 갈등을 그대로 두면 직장생활에 실패할 확률이 크다. 그러면 어떻게 한다? 당신이 진정으로 갈등의 상황이 개선되기를 원한다면, 당신이 통제할 수 있는 단 한 가지, 즉 당신 자신에게 초점을 맞춰서 해결책을 찾아야 한다. 상대방이 반응하든 하지 않든, 내가 처해있는 상황에 영향을 줄 수 있는 가장 긍정적인 방법은 나 자신,

즉 내가 '될 수 있는 것' '할 수 있는 것'에 대해서 노력해야 한다. 한마디로 생각을 바꾸라는 말이다. 의지로 결단하여 상대를 사랑해보라는 말이다.

싫은 사람, 미운 사람을 사랑할 수 있을까? 스티븐 코비는 유명한 책 『성공하는 사람들의 7가지 습관』에서 상대방에게 조건 없는 사랑과 지원을 하라고 했다. 그러면 상대방도 내가 보여준 사랑과 지원에 같은 방법으로 반응하게 된다는 것이다.

게리 채프먼Gary Chapman은 그의 책 『5가지 사랑의 언어』에서 사랑의 감정과 사랑의 행위를 구별해 보기를 권했다. "미워하는 사람에게 따뜻한 감정이 없는 것은 당연하다. 따뜻한 감정을 갖는다는 것이 비정상이다. 그러나 (감정은 그렇더라도)그를 위해 사랑의 행위를 할 수는 있다. 행동은 선택할 수 있다."고 말이다.

감정과 사랑의 행위는 다를 수 있다. 즉, 상대방이 좋아서 사랑하는 게 아니라, 어차피 그와 함께 직장생활을 할 숙명적인 관계라면 냉랭한 관계를 뛰어넘어 사랑을 할 수는 있다는 이야기다. 사랑은 의지요 선택이기 때문에 가능하다. 의지로 상대를 사랑할 수 있다.

성인군자가 되라는 것이 아니다. 그렇게 하는 것이 결국은 상대방과 당신에게 유익한 일이기 때문이다. 그것이 법적·도덕적으로 의무적인 직장의 인간관계를 사랑으로 승화시키는 위대함이 아닐까? 생각을 바꾸면 세상이 바뀐다.

이익보다는 공존
- 처세기술자가 되지 마라

인맥형성을 도모하고 그에 집착하다 보면 자칫 처세기술자로 전락하는 수가 있다. 우리가 인간관계나 인맥을 다룸에 있어서 가장 경계해야 할 것의 하나가 바로 이 점이다.

언젠가 강의를 끝냈는데 몇 사람이 내게 찾아와 명함을 건넸다. 그리고 사진도 함께 찍었다. 강사로서는 이럴 때 기쁨과 보람을 느낀다. 내 강의에 대한 호감적 반응이라고 볼 수 있으니까. 그렇게 인사를 나누며 받은 명함을 나는 귀하게 여겨 잘 관리한다. 강의로 맺는 인맥이 될 수 있기 때문이다.

받은 명함을 근거로 휴대폰에 전화번호를 입력할 때 나름의 요령이 있다. 즉, 그 사람의 이름과 직함만 입력하는 것이 아니라 만남의 상황까지 입력하는 것이다. 이름만 입력하게 되면 나중에 그쪽에서 전화를 걸어왔을 때 '이 사람이 누구더라?' 기억이 잘 나지 않게 된다. 한번 스치듯이 만난 사이이기 때문이다. 그러나 당시의 상황까지 입력하면 매우 실용적이 된다. 예를 들면 이름란에 '홍길동A기업강의인사' 이런 식이다. 'A기업에서 강의했을 때 인사를 나눈 홍길동'이란 뜻이다. 어찌 보면 암호 같고 띄어쓰기도 없다. 한정된 칸에 입력해야 하니까. 이렇게 하면 전화를 받을 때도 요긴하지만 그에게 전화를 걸어야 할 때도 매우 편리하다. 그 사람의 이름을 기억해내지 못하더라도 'A기업' 또는 '강의 때 인사'를 검색해도 그의 이름이 나오기 때문이다.

인맥관리의 한 가지 요령을 설명하느라 이야기가 샛길로 빠졌다. 강의를 끝내고 그렇게 인사를 나눈 사람이 이틀쯤 후에 전화를 걸어왔다. 입력을 구체적으로 한 덕에 누군지 금방 알아봤다.

"저, 박사님. 엊그제 강의 정말 잘 들었습니다. 감동적이었습니다. 자주 전화 드려 멘토로 삼아도 되겠습니까?"

그의 말에 그렇게 하라고 했다. 과장된 칭찬인 줄은 알지만 어쨌거나 기분이 좋다. 나를 좋아한다는 데 싫어할 이유가 없지 않은가. 솔직히, 강의를 들어서 '감동적'인 경우가 얼마나 있던가. 거짓인 줄 알면서도 칭찬에 기분이 좋아지는 건 인지상정이다. 그때까지만 해도 그를 붙임성 있고 사람사귀기 좋아하는 젊은이로 받아들였다. 그리고 또 이틀 후, 그에게서 전화가 왔다. 만나서 점심이라도 대접하고 싶다고 했다. 워낙 간곡히 원하는 터라 하는 수 없이 커피 한잔을 하기로 하고 약속 장소로 갔다.

그를 만나자 "감동적이었다"는 등의 전화로 이야기했던 것과 똑같은 칭찬이 또 이어졌다. 그리고 대화를 몇 분 동안 나누기도 전에 나는 그의 '계산'을 간파할 수 있었다. 그가 에둘러 말한 것은 다름 아니라, 내가 예전에 일했던 회사와의 거래를 위해 나의 힘을 빌리려 한다는 것이었다.

◐ 하수의 기술자가 되지 마라

이건 정말 '하수'다. '쇠뿔은 단김에 빼야 한다'는 속담을 실행하려고 그랬는지는 몰라도 아직 '단김'이 아니라는 점을 그는 간파했다. 인간관계가 뜨거워지기는커녕 아직 불도 제대로 지펴지지 않은 상태. 그는 '칭찬이 최고'요, '화끈하게 접근'하고, '끈질기면 성공한다'는 인간관계의 '기법'은 알고 있었지만 상황판단을 전혀 잘 못한 것이다. 신뢰관계가 형성되지 않은 상태에서의 과도한 칭찬이나 화끈한 접근, 도를 넘는 접촉은 오히려 상대의 경계심을 촉발시킬 뿐이다.

그리고 또 한 가지. 그는 스스로 NQ가 높다고 판단했을지 모르지만 나의 NQ를 간과했다. 전자의 NQ란 인맥지수Network

Quotient요 후자의 NQ는 내가 만든 신조어 '눈치지수Noonchi Quotient'다. 즉, 아무리 좋은 머리(IQ)로 사람을 자기 페이스대로 활용하려고 해도 그 의도가 순수한지 아닌지를 상대방의 눈치 (NQ)가 기막히게 간파한다는 말이다.

그로서는, 하루라도 빨리 누군가의 도움이 필요한 상황이었는지 모른다. 마음이 조급했을 것이다. 그래서 나의 강의를 듣고 나의 경력을 알게 됨으로써 '옳거니 저 사람을 활용하면 되겠다'라고 생각했을 것이다. 그러기에 조금이라도 빨리 나에게 접근하기 위해 과도한 칭찬이 동원되고 조급한 만남을 요구했을 것이다. 문제는 바로 거기에 있다. 그러다보니 처세술의 요령과 기술이 발휘됐고 결국은 그것이 나에게 감지됨으로써 인간관계가 끝나고 마는 결과를 초래했다.

그는 처세기술자에 불과하다. 그것도 하수의 기술자다. 처세기술자는 자신의 이익을 도모하기 위해 사람을 사귀려 한다. 상대방이 자기의 목표를 달성하는데 필요한 수단으로 전락한다. 그러다보니 상대방을 '함락'시키기 위해 온갖 요령과 기교와 방법이 동원된다. 이른바 '술수적 · 계산적 인간관계'를 추구하게 된다. 그런 인간관계, 그런 인맥이 과연 오래갈 수 있을까?

강조하지만 현대인으로서 인맥을 잘 관리하는 것은 매우 중요

결국은 인간관계

하다. 그러나 처세기술자가 돼서는 안 된다. 처세기술자가 되면 자 칫 '나 – 자기자신'을 상실하게 된다. 나의 삶, 나의 정체성을 잃게 된다. 한 인간으로서의 삶의 영역과 퍼스낼리티가 없어진다. 인간 관계를 위해 끝없는 인내와 희생을 요구하는 게 처세기술자들이 행하는 술수적 인간관계의 속성이기 때문이다.

세일즈맨들의 교과서에 이런 말이 나온다. "고객에게 물건을 팔 생각을 하지 말고 고객의 이익을 위해 무엇을 할 것인가를 생각 하라"고. 전자가 하수의 세일즈맨이라면 후자가 바로 세일즈 고수 의 방식이다.

마찬가지로 처세기술자가 아닌 인맥도사가 되려면 '물건을 파 는' 즉, 이익을 보려는 것에 목표를 두지 말고 상대방에게 어떤 도 움을 줌으로써 자신에게도 이익이 될 것인지를 고려하는 '공존중 심'의 인간관계를 도모해야 한다. 그러기에 인맥지수인 NQ를 '공 존지수'라고도 해석하지 않던가. 공존하는 것, 그것이 흔한 표현 으로 Win-Win의 관계가 되는 것이다.

"당신이 상대에게 얼마나 세심하게 관심을 기울이고 있는지 알기 전까지 상대는 당신에게 신경을 쓰지 않는다"

– 성공학의 대가 지그 지글러(Zig Ziglar)

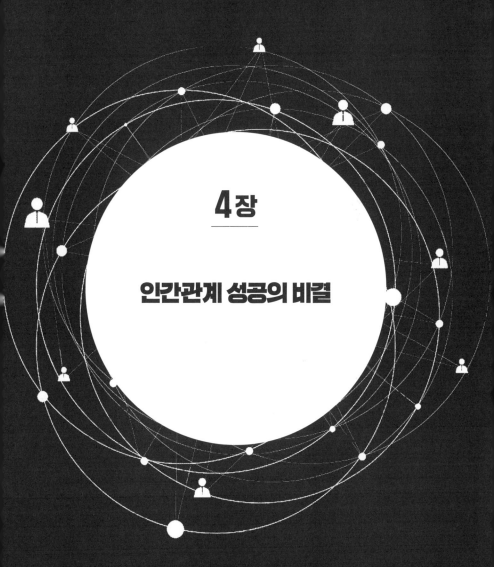

4장

인간관계 성공의 비결

'Give & Take'
– 황금률대로 하라

인간관계를 논하면 반드시 기억해야 할 필수 덕목이 있다. 황금률이다. 얼마나 금과옥조 같으면 황금률The Golden Rule이라고 할까.

성경의 마태복음 제 7장 12절과 누가복음 6장 31절에 보면 '남에게 대접을 받고자 하는 대로 너희도 남을 대접하라'는 말이 나온다. 이것이 황금률인데, 같은 의미의 경구는 성경 곳곳에서 발견할 수가 있다. 이런 황금률은 성경에만 있는 게 아니다. 불경에도 '내 스스로에게 해롭다고 생각하는 것으로 남을 다치게 하지 말라'는 말이 있고, 유교에서도 '네가 네 자신에게 하지 않을 짓은 남에게 하지 말라'라고 했다. 이런 경구는 종교의 교리를 뛰어넘어 복잡한 인간관계의 원리에도 그대로 적용되는 명언이요 인간관계

법칙 중 최고의 법칙이며, 기본 중의 기본이다. 이웃과의 관계든, 부부·가족관계든, 또는 직장에서의 상하관계나 고객과의 관계든 황금률은 모든 인간관계의 최고의 룰이다.

'대접받고 싶은 대로 대접하라'는 황금률을 곱씹어보면 떠오르는 글귀가 있다. 'Give&Take'가 바로 그것이다. 이 관용구를 잘 살펴보면 황금률을 한마디로 압축한 것임과 동시에 인간관계의 열쇠가 그 속에 감춰져 있음을 알게 된다. 그래서 나는 'Give&Take 법칙'을 인간관계의 가장 기본적인 법칙이라 생각한다.

어떻게 인간관계를 해야 할지 모르겠거든 이 법칙을 떠올리면된다. 인간관계에 뭔가 잘 풀리지 않고 삐걱거리는 부분이 있으면역시 'Give&Take'가 주는 교훈을 음미해 보면 된다. 분명히 해결의 실마리를 찾을 수 있다.

⬤◗ 한 차원 승화된 이기주의

황금률에 대해 색다른 의견을 제기한 사람도 있다. 미국의 토니 알레산드라에 의해 주창된 백금률The Platinum Rule이 그것이다. 그에 의하면 황금률에서 말하는 '대접받고 싶은 대로'라는 의미는 자신의 시각과 입장이 강조되는 것이요, '대접받고 싶은 대로 베풀라'는 것은 받기를 예상하고 주는 것이기에 이기적이라는 것이다. 그러므로 '대접받고 싶은 대로 상대방을 대하는 것'보다 '상대방이 원하는 방식으로 그를 대하라'고 주장한다. 일리 있는 말이지만 황금률의 기본정신을 크게 벗어난 것이라 할 수는 없다.

사실, 남에게 무엇인가를 베풀 때는 의식적이든 아니든 무엇인가를 기대하고 있는 것이 인간의 심리다. 사람은 마음 밑바닥에 '세상에 공짜가 없다'는 믿음이 있다. 그래서 베푸는 행위 자체가 이기적 판단의 소산이라고도 한다. 때로는 자신에게 별 이익이 없으면서도 남을 돕고 봉사하는 사람도 있다. 그러나 이 경우에도 그 뿌리를 파헤쳐 보면 그들 각자는 계명된 이기, 즉 '한 차원 승화된 이기주의'에 근거를 두고 움직이는 것이다. 성경에서조차 사람들은 이기심에 의해 움직이는 것을 전제로 한다고 존 해기아이John E. Haggai는 『폴 마이어와 베풂의 기술』에서 말했다.

베풀 때 반대급부를 기대하든 안하든 당신이 상대방에게 먼저 베풀면 상대도 당신에게 베풀게 돼 있다. 그것이 인간의 기본심리요 인간관계의 기본 원리이다.

물론, 베풀 때는 무조건적인 것이 좋다. 베풀면 곧 잊어버리라는 말도 있다. 그래야 마음이 편하다. 뭔가 반대급부를 바라면 인간관계가 조잡스러워진다. 어느 정도의 손해는 감수하는 마음가짐으로 베풀어야 인간관계가 부드럽고 원활하게 된다. 손해를 본다고 해서 계속해서 손해만 보고 사는 것이 아닌 게 인간사의 묘미이며, 두어 번 Give하면 언젠가는 그에 걸맞은 Take가 있는 게 인간관계의 섭리이다.

어느 정도의 손해는 큰마음으로 너그러이 받아들이며 사는 게 좋다. 그 '손해'는 단순한 손해가 아니라 좋은 인간관계를 유지하기 위한 훌륭한 '투자'인 것이다.

세상을 살면서 인간관계에 문제가 있다고 생각될 때는 무엇보다도 먼저 이 법칙을 머릿속에 떠올려 보라. 어떤 형태의 인간관계이든 간에 'Give & Take'가 주는 교훈을 음미해 보면 분명히 해결의 실마리를 찾을 수 있을 것이다. 이것이 바로 먼저 희생함으로써 승리하고 먼저 베풂으로써 결국은 얻게 되는 인간관계의 'Win-Win 전략'이다.

이런 Give & Take

Give & Take의 핵심은 상호성이다. 즉, 주면 받게 되고 받으면 주게 되는 것이다. 비록 작은 호의라 할지라도 내가 상대방에게 무엇인가를 주면 상대방은 심리적으로 빚진 상태가 된다. 빚진 상태에 빠진 사람은 마음이 불편하게 되고 가능한한 빨리 그런 상태에서 벗어나고자 한다.

우리는 어려서부터 빚진 상태를 불유쾌하게 느끼도록 조건화돼 있다. 그리하여 빚이라는 심리적 압박감을 떨쳐버릴 수만 있다면, 자기가 받은 호의보다 훨씬 큰 호의로라도 기꺼이 빚갚음을 하려 한다고 로버트 치알디니는 『설득의 심리학』에서 말했다. '배은망덕자' 같은 달갑지 않은 오명을 뒤집어쓰지 않기 위해서라도 되갚으려 한다는 것이다. 그는 인간관계에서 상호성의 원리가 어떻게 작용하는지를 극명하게 보여주는 사례로 유럽의 과학자 에이블 에이베스펠트Eibl Eibesfeldt의 연구보고서에 나오는 한 독일 병사에 관한 이야기를 들려준다.

세계 1차 대전 중 적군을 생포해 정보를 얻어야 하는 특수임무를 맡은 한 독일 병사가 적진의 참호를 습격해 홀로 있던 적군의 병사를 생포하게 됐다. 그때 그 적군의 병사는 식사 중이었기에 그의 손에는 무기 대신 한 조각의 빵이 들려 있었다. 무방비 상태로 습격을 당한 병사는 겁에 질린 나머지 엉겁결에 손에 들고 있던 빵을 독일 병사에게 불쑥 건넸다. 순간, 독일 병사는 무의식적으로 그 빵을 받아 쥐었다.

눈 깜짝할 사이에 일어난 이 무의식적이고 돌발적인 행동은 두 사람의 인생에서 가장 의미 있는 일이 됐다. 왜냐면 예기치 않았던 선물(빵)을 받은 독일 병사는 그의 임무 수행을 포기하고 그 포로를 풀어주었으니까. 적군의 병사 입장에서는 빵 한 조각을 주고(Give) 목숨을 건진(Take) 것이다.

평생 실천해야 할 한마디

중국의 춘추전국시대. 공자에게는 수많은 제자가 있었지만 그중에서 가장 뛰어난 제자 10명을 가리켜 공문십철孔門十哲이라고 한다. 그중에서도 자공子貢은 언변이 가장 뛰어난 인물로 꼽힌다. 당시의 사람들로부터는 스승인 공자보다 더 뛰어난 인물로 평가받기도 했다. 그러나 공자는 자공을 군자로 인정하지 않았다. 능력은 뛰어났지만 인격 면에서는 부족하다고 봤기 때문이다. 어느 날 자공이 공자에게 물었다.

"한마디 말로 평생토록 실천할 만한 것이 있습니까?"

공자가 대답했다.

"그것은 서恕다. 자기가 원하지 않는 것을 남에게 하지 않는 것이다 '(己所不欲勿施於人, 기소불욕물시어인)."

공자의 대답은 인간관계의 핵심을 잘 짚어준 것이다. 첫째는 서恕. 공자는 평생 실천할 것으로 서恕를 꼽았는데 서는 '남의 처지를 헤아려주다' '어질다' '용서하다'의 의미가 있는 한자이다. 그러니까 남의 처지를 헤아리는 어진 마음이 있어 남을 용서해야 한다는 것이요 그렇다면 인간관계란 자연스럽게 풀린다. 둘째는 자기가 원하지 않는 것은 남에게도 하지 않는 것. 이는 서양의 Give & Take의 정신과 일맥상통하는 것이다.

아닌 게 아니라 이 두 가지만 평생 실천한다면 인간관계란 더 따질 것도 없겠다.

'나는 사랑하는 사람들과 깊고 내밀한 관계를 가지기 위해 많은 시간과 에너지를 투자할 것이다. 당신은 어떤가? 소중한 사람들과의 관계를 위해 많은 시간과 에너지를 투자할 의향이 있는가? 당신의 애정과 관심이 필요한 사람이 있는가? 가깝고도 소중한 사람이라고 여기는 사람이 있는가? 인간관계를 보다 깊게 가지기 위해 배워야 할 새로운 기술은 무엇인가?'

— 쉐럴 리처드슨 『나는 좀 더 이기적일 필요가 있다』

겸손
- 인간관계를 푸는 강력한 열쇠

사람들은 누구나 겸손한 사람을 좋아한다. 겸손한 사람은 남의 시샘을 덜 받는다. 거들먹거리고 잘난 척하는 사람을 좋아할 사람은 없다. 오히려 꺾어버리려 할 것이다. 호시탐탐 추락하기를 바랄 것이다. 이것이 보통 사람들의 심보다. 그러니까 그 심보를 자극하지 않는 게 바로 인간관계의 비결이다.

미국의 유명한 컨설턴트 짐 콜린스Jim Collins는 5년 동안의 연구를 통해 미국의 이름난 기업들을 조사했다. 그 결과는『좋은 기업을 넘어 위대한 기업으로Good to Great』라는 책으로 나왔는데 그 내용 중에 처세에 있어서 반드시 참고해야 할 좋은 사례가 나온다.

즉, 미국의 《포춘》지가 선정한 500대 기업 중에서 좋은 기업을 뛰어넘어 위대한 기업이라고 평가할 만한 기업은 11개에 불과했다는 것이다. 그런데 좋은 회사를 위대한 회사로 도약시킨 11명의 CEO 가운데 그들의 탁월한 성과에도 불구하고 남들의 이목을 집중시킬 만큼 화려하게 드러나는 사람은 단 한 사람도 없더라는 것이다. 언뜻 보기에 그들은 특별한 성과를 조용히 만들어내는 보통 사람인 것 같았다.

특히 그들 모두는 비길 데 없이 겸손했고 대중 앞에 나서서 떠벌리기를 꺼렸으며 자기 자랑을 늘어놓는 일이 없었다. 콜린스는 그것을 가리켜 '감탄을 자아내는 겸손함'이라고 하였다. 그의 말을 계속 들어보자.

⬤ 인간관계의 함정, 교만

"도약을 성공시킨 리더들이 자신들의 이야기를 얼마나 삼가는지를 보고 우리는 충격을 받았다. 그들의 공헌에 대해 듣고 싶었던 우리의 기대는 번번이 빗나갔다. 마침내 그들 자신에 대해 말해 달라고 조르면, 이런 식으로 말하곤 했다. '이 회사에서 나보다도 일을 더 잘할 수 있는 사람이 많습니다.' 그것은 거짓 겸양이 아니었다. 그 리더들과 함께 일하거나 그들에 대해 글을 쓴 사람들은 '조용한, 자신을 낮추는, 겸손한, 조심스러운, 수줍어 하는, 정중한, 부드러운, 나서기 싫어하는, 말수가 적은' 등의 단어나 표현을 계속 썼다."

그렇다. 훌륭한 리더들은 결국 처세의 달인이요 인간관계의 고수라 할 만한 사람들이다. 그들은 공통적으로 너무나 겸손하기에 때로는 서투르게 보이고 나약해 보이고 별 볼일 없어 보인다. 그러나 그것은 밖으로 보이는 모습일 뿐이다. 그런 이들의 내면은 그 누구보다도 굳고 단단하다. 그들은 이중성을 가지고 있다. 겸손하면서도 의지가 굳고 변변찮아 보이면서도 용기가 있는 이중성이다. 이것이야말로 외유내강이며 외화내빈이 아닌 외빈내화이다.

속담에 "벼는 익을수록 고개를 숙인다"는 말이 있다. 사람도 잘 익은 사람일수록 고개를 숙이고 겸손하다. 그런데 겸손이 좋은 줄을 알고 있으면서도 실제로 겸손을 실천하는 사람은 흔하지 않다. 겸손한 척 하는 사람은 있는데 진심으로 자기를 낮추는 사람은 별로 없는 것이다.

자기 PR시대이니 뭐니 하는 요즘 세상에 자기를 낮추는 게 과연 논리적으로 맞는 거냐고 항변하는 사람들도 있다. 요즘은 톡톡 튀어야 출세하는 것 아니냐고 물을 지도 모른다. 그러나 헛소리하지 마시라. 세상살이의 원리는 동서고금이 마찬가지이다. 튀기는 뭘 튀어? 잘못 튀면 날개도 없이 추락한다. 자기를 낮추는 겸손 그 자체가 사실은 장기적이고 진정한 자기 PR이며, 껑충 높이 뛸 수 있는 고수다운 전략이다.

조금 똑똑하다거나 일시적으로 잘 나가는 사람들이 저지르는 인간관계의 함정이 교만이다. 그들은 그것을 당당함으로 착각한다. 잘 나가다 보면 자칫 오버하기 십상인 게 인간의 심리이다. 소위 출세를 했다거나 성공했다는 사람들을 보면 몇 번의 성공을 통하여 자기 과신을 하게 된다. 자기는 마치 운명적으로 선택받은 사람이라고까지 생각하기도 한다.

실제로 잘 나가는 사람들을 보면 초기엔 그런 현상이 나타난다. 뒤로 넘어져도 돈을 줍는다. 실수가 오히려 행운으로 연결되기도 한다. 그런데 그런 행운이 거듭되다 보면 자기도취에 빠지게 되고 급기야 사람을 깔보고 기고만장하고 으스대는 현상이 나타나게 된다. 그때부터 그 사람은 인생의 내리막길을 걷게 된다는 걸 알아야 한다. 인생이나 운명이란 참 묘한 거다. 역사나 인간들의 부침사에서 그런 것을 배워야 한다.

잘 나갈 때 조심해야 한다. 그때 겸허한 자세로 행운을 비축해놔야 나중에 불행과 상계된다.

잘 나가는 사람이 계속 승승장구하고 싶거든 언제나 자세를 낮추고 더욱 겸허해야 한다. 진심으로 말이다. 자기를 낮춤으로써 상대방으로부터 호감을 사고 자발적인 협력을 유도함으로써 더욱더 높이 올라가는 것, 이것이 지혜로운 처세의 방법이다.

조금 성공했다고 해서, 또는 권세를 가졌다고 해서, 또는 능력이 조금 더 뛰어나다고 해서 고개를 뺏뺏이 세우고 거만을 떨고 잘난 체하는 것은 결국 많은 사람으로부터 멀어지는 이유가 된다.

인간관계를 부드럽게 할 최고의 덕목이 겸손이라는 사실은 수많은 성현, 위인들의 한결같은 충고이기도 하다. 겸손함은 가장 강력한 처세의 무기이다. 겸손이야말로 인간관계를 풀어내는 만능열쇠다.

상대가 깔보지 못하게 겸손하는 법

좋은 인간관계를 위하여 겸손할 것을 강조하면 대뜸 돌아오는 반응이 있다. "요즘 세상에는 겸손하면 알아주지 않습니다. 오히려 깔봅니다"라고. 실제로 현실을 보면 그런 면이 없지 않다. 겸손하면 바보로 알거나 우습게 보는 경우가 많다. 그런데 돌이켜보면 그건 겸손에 문제가 있기 때문이다. 겸손도 아 다르고 어 다르다. 잘 다듬어야 한다는 말이다. 상대가 깔보지 못하게 겸손하는 법 5가지를 소개한다.

1) 이미지를 관리할 것
만약 덩치가 매우 큰 사람이 겸손하다면 어떨까? 결코 깔보지 못한다. 그럼 덩치가 작은 사람은 어쩔 건가. 화법이나 몸가짐이 듬직해

보라. 깔보지 못한다. 중국의 등소평을 생각해보면 답이 나온다. 이미지를 잘 관리하란 말이다.

2) 명확한 발음과 말투로 말할 것

겸손한 사람이 발음이 흐리거나 말투가 풀이 죽어있다면 어떨까? 바보 취급받는다. 따라서 발음을 명확히 하고 말투를 무게 있게 하는 것이 요령이다.

3) 씨알 먹히는 소리를 할 것

씨알 먹히는 소리란 조리에 닿고 설득력이 있게 말한다는 것이다. 논리적이고 내공 있는 말을 하는 것이다. 말을 할 때 씨알 먹히지 않는 소리를 해대는 사람이 겸손하다? 당연히 깔보일 수밖에 없다.

4) 친절하되 품격을 지킬 것

모든 게 과유불급이다. 겸손한 사람들은 남에게 도가 지나치게 친절한 경우가 많다. 그렇게 되면 굽실거리는 것이 되어 사람들에게 만만하게 보이기 십상이다. 겸손하게 친절하되 품격을 잃지 말아야 한다. "상처받았다면 무심코라도 웃지 마라"는 말이 있다. 친절하려고 늘 웃어보라. 바보다.

5) 80 : 20 법칙을 기억할 것

늘 겸손하면 만만하게 본다. 늘 친절만 해도 그렇다. 겸손한 언행이 80%라면 때로는 자신의 권리와 의견을 강하게 표시하는 언행도

20%는 돼야 한다. 싫은 건 싫다고 말할 수 있어야 하고 아닌 건 아니라고 말할 수 있어야 한다. 겸손함을 몰라보고 무시하는 사람이 있다면 인간관계를 끊을 줄도 알아야 한다.

허허실실
- 그 양면성의 지혜

허허실실虛虛實實. 이 단어를 보면 나는 언제나 유명한 중국무술 영화 '취권'이 떠오른다. 홍콩의 톱스타 성룡이 주연했던 '취권'의 정식 이름은 '팔선취권八仙醉拳'. 비틀거리며 술에 취한 듯한 자세로 상대방을 안심시킨 뒤 허를 찔러 승리하는 무술이다.

허허실실은 손자병법에 나오는 것으로 겉으로는 나약한 것처럼 보이게 해서 적을 안심시키고 적이 방심했을 때 허虛를 찌르고 실實을 꾀하는 계책計策이다. 또는 겉으로 보기엔 허술한 것 같지만 속으로는 알차고 강한 것을 의미하기도 한다. 허한 것처럼 보이면서 실익을 챙기는 의미로도 쓰이며 허함과 실함을 적절히 활용해 큰 효과를 나타내는 말로도 해석한다.

인간관계에 있어서도 '허허실실'이 주는 의미는 크다. 허허실실이 인간관계의 전략으로 유용한 것은 상대방의 경계심을 무너뜨린다는 것이다. 그러니 적이 없게 되고 기대치를 낮게 함으로써 의외의 감탄을 자아낼 수 있다. 사람들이 좋아할 수밖에 없다.

역사적으로나 오늘날에 있어서나 허허실실의 처세를 한 사람은 많다. 의도적이든 또는 태생적이든 간에. 그중의 한사람이 일본의 총리를 지낸 오부치 게이조小淵惠三. 일본인들에게 많은 사랑을 받았고 격무에 시달려 순직함으로써 더욱더 기억에 남아있는 사람이다. 그가 총리가 되기 보름 전쯤 미국의 〈워싱턴포스트〉는 사설에서 '아마도 하시모토 총리보다 못한 인물이 일본의 새 총리가 될 것 같다'며 오부치 총리의 탄생을 예고함과 동시에 그를 은근히 깎아내렸다. 얼마 후 총리가 된 그는 워싱턴을 방문했고 클린턴 대통령과 정상회담을 했다. 귀국한 오부치 총리에게 일본 기자가 물었다.

"시차 때문에 조금 멍하십니까?" 그러자 오부치의 답변, "원래 멍한데 뭘…"

그는 스스로 멍청하다고 할 만큼 허허실실 전략을 구사했다. 그는 수수한 외모에 조금은 어눌하고 겸손했다. 그럼으로써 기대치를 낮출 수 있었으며 정적들에게 거부감을 주지 않았다. 그는 또 멋 부릴 줄 모르며 솔직했다. 총리였음에도 미야자와 대장상에게

"저는 경제를 모릅니다. 가르쳐주십시오"라고 말할 정도였다. 그는 "절대로 남의 험담을 하지 마라. 욕을 하면 반드시 전해지고 상대가 불쾌함을 느끼기 마련이다"고 입버릇처럼 말했다. 그러니 누가 그를 싫어하겠는가. 그는 적이 거의 없었다. 거친 정치판임에도 그를 질투하거나 공격하는 사람이 의외로 적었다.

그는 출범당시 역대 최악의 인기였으나(허하게 봤으므로) 집권 1년 만에 51.1%의 인기를 누렸다. 그런데 인기가 높아진 이유가 걸작이다. "평균보다 조금 모자란, 여느 아버지와 같기 때문"이라는 것이다. 대단한 허허실실이다.

◖◗ 멍청한 듯 똑똑한 사람

세상이 발달하고 영악스럽고 빈틈없어질수록 사람들은 조금 어눌하고 약간은 빈 곳이 발견되는 사람을 좋아하게 마련이다. 완전히 비어버린 멍텅구리가 아니라 멍청한 듯 똑똑한 사람, '허허실실'형을 말이다.

연봉전문사이트 '오픈샐러리'와 리서치 전문기관 '엠브레인'이 직장인을 대상으로 복잡 다양한 인간관계에서 어떤 처세술로 헤쳐 나가는지를 물어본 조사가 있었다. 먼저 '직장 내에서 성공가도를 달리는 사람들은 주로 어떤 처세를 하는지'를 물었는데, 눈치 빠르고 물정에 밝아 자신에게 이득이 되는 게 있으면 어떻게든

잇속을 차리는 '얌체형'이 3분의 1이 넘는 34.1%로 으뜸이었다.

재미있는 것은 성공하는 사람들은 '얌체형'이라고 평가하면서 정작 자신의 처세술이 얌체형에 해당한다고 응답한 사람은 극히 적은 2.2%에 불과했다는 점이다. 직장인들은 자신을 가리켜 겉으로는 허한 것 같지만 차릴 최소의 이익은 차리는 '허허실실형'(19.5%), 평소엔 물 흐르듯 하다가도 가끔 한 번씩 무섭게 존재감을 드러내는 '카운터펀치형'(19.4%)으로 제일 많이 꼽았다. 어찌 보면 이 둘은 사실상 '허허실실형'이라 할 수 있다.

이런 조사결과는 무엇을 의미하는가? 부지불식간에 사람들은 눈치 빠르고 물정에 밝아 자신의 잇속만 챙기는 '겉똑똑이'보다 겉으로는 허한 듯하면서 속으로 실한 '속똑똑이'를 선호하고 좋아한다는 것을 뜻한다. 인간관계의 이치란 그런 것이다.

사람이 겉으로 보기에는 좀 서툴고 소박하고 허해 보이는 것이 처세에 유리한 경우가 많다. 그래야 상대방이 경계를 하지 않는다. 겉보기에 지나치게 똑똑해 보이고 튼실해 보이면 아무래도 시샘의 대상이 되기 쉽고 경계를 하게 될 것이다. 심하면 두려움을 느끼게 되고 기회만 있으면 꺾어버리려 할지도 모른다. 그것이 인간관계의 현실이다.

그렇다고 똑똑하고 실한 것이 나쁘다는 것이 아니다. 허허실실이란 '허'만으로도 안 되고 '실'만으로도 좋지 않다는 것을 의미한다. 그 둘을 적절히 잘 활용해야 인간관계의 전략으로 유효한 것이다.

사람들이 당신에게 접근하게 하려면 물론 똑똑하고 실해야 한다. 파워 있는 사람에게 사람이 모이는 것은 당연하다. 그러나 때로는 '허허실실'의 처세 또한 필요하다는 말이다. 겉보기에 남의 경쟁심을 유발하지 않는 독특한 개성, 즉 겸손하고 조금은 빈 구석이 있는 것 같아 경쟁자로부터도 '저 친구가 잘됐으면 좋겠다'는 마음을 불러일으킬 수 있다면 이건 처세의 도사라 할 수 있다.

가까운 사람이 잘 될수록 시샘을 하는 심리, 사촌이 땅을 사는 것이 배 아픈 우리네 풍토에서는 쓸데없이 남의 경계심을 자극하지 않는 인간관계의 허허실실 전략이 필요하다.

인간관계 성공의 비결
- 기대치를 낮춘다

허허실실의 전략을 처세에 활용하는 사람으로 조지 W 부시 미국대통령도 꼽힌다. 그가 2001년 미국의 43대 대통령으로 취임했을 때 미국민들은 적잖이 우려를 했다. 그는 사실상 과반수 득표를 못하고도 선거제도의 맹점(?)으로 대통령에 당선됐기에 더욱 그러했다.

그러나 그는 9·11테러 이후 이라크 전쟁을 승리로 이끄는 등 미국인들의 큰 지지를 받는데 성공했다. 이에 대해 워싱턴포스트지는 "부시 대통령의 성공비결은 사람들이 자신에 대해 큰 기대를 걸지 않도록 하는데 있다"고 분석하였다. 즉 '기대 낮추기'의 허허실실 전략으로 국민의 인기를 이끌어냈다는 것이다. 기대가 낮다는 것은 허약하게 보인다는 걸 의미한다. 허약하게 보이니 훌륭한 대통령이 될 거라는 기대 역시 낮을 수밖에 없다. 그리고 기대가 낮으니 실망이 적은 대신, 조금만 잘해도 찬사를 받을 게 당연한 이치이다.

텍사스 주지사 선거에 처음 출마했을 때도 부시는 자신의 진짜 능력이 어느 정도인지 주변사람들이 헷갈리게 만들었다. 1999년 공화당 대선 후보 지명전에 나설 때도 여론조사에서 우세하다는 평가를 일부러 절하시키면서 주변의 기대감을 낮추었다는 것이다. 심지어 후보들 간에 이뤄지는 TV토론에서도 사전에 "부시는 토론에 약하다"는 점을 은근히 선전함으로써 실제 TV토론이 끝난 후 "부시가 잘했다"는 평가를 이끌어낸 것이다.

부시 자신도 "나는 기대치를 낮추는 데 선수"라고 할 만큼 허허실실 전략을 본능적으로 체득했다는 말이 나올 정도이다.

세상이 발달하고 영악스럽고 빈틈없어질수록 사람들은 조금 어눌하고 약간은 빈 곳이 발견되는 사람을 좋아하게 마련이다. 완전히 비어버린 멍텅구리가 아니라 똑똑한 멍청이를 좋아한다. 때로는 멍청함을 통하여 주위사람들의 기대를 낮출 필요가 있다.

●● 허허실실과 3한 4온

허허실실이란 '허'만으로도 안 되고 '실'만으로도 안 된다는 걸 의미한다. 그 둘을 적절히 잘 활용해야 인간관계의 전략으로 유효한 것이다.

처세에 관한 동서의 고전들은 거의 모두가 '덕'을 강조했다. 그래서 좋은 인간관계를 맺으려면 '용서하라', '참아라', '베풀어라', 그리고 심지어 '원수를 사랑하라'고 했고, '왼쪽 뺨을 맞으면 오른쪽도 내밀라'고 까지 했다. 그래서 9덕을 행하면 천하를 평정할 수 있다고 하였다. 9덕이란 관이율寬而栗(너그러우나 용서하지는 않는다), 유이립柔而立(부드러우나 굳은 의지를 세운다) 등 9가지 처세의 원칙을 말하는데 뜻풀이에서 보듯 허와 실이 적절히 배합된 허허실실 전략 바로 그것이다.

허허실실이 인간관계의 전략으로 빛을 발하는 이유의 하나는 그것이 어느 한쪽에 치우치지 않은 중용의 처세훈이라는데 있다. 만약 무조건 용서하고, 베풀고, 인내하는 '허'의 전략뿐이라면 오늘날의 현실에서 바보취급을 당하기 십상이다. 왼쪽 뺨을 맞고 오른쪽을 내밀면 그쪽 또한 얻어터질 뿐이다. '눈 없으면 코 베어갈 세상'이라고 했던 것은 이미 30년 전 얘기요, 지금은 멀쩡히 눈을 뜨고도 코가 잘리는 세상이다.

물론 인간관계에서 '먼저 베푸는 것'은 중요하다. 덕이 있는 사람이어야 주위에 사람이 모이고 참는 자에게 복이 많은 것도 맞다. 원수까지는 몰라도 적어도 주위의 동료 정도는 사랑할 수 있어야 인간관계에 성공할 수 있다.

그러나 그 모든 것이 일방적일 수는 없는 게 현실이다. 계속 참기만 해보라. 당신을 성인군자로 높이 떠받들어주는 게 아니라 바보천치로 여길게 뻔하다. 그래서 나는 인간관계의 허허실실의 하나로 '3한 4온 법칙'을 주장한다.

즉, 사람은 따뜻한 면이 있는 반면에 차가운 면도 있어야 한다는 주장이다. 온화한 면이 있는 반면에 냉랭한 측면이 있어야 하며, 부드러운 점이 있는 반면에 옹골차게 다부진 면 또한 있어야 한다. 둥근 면이 있으면 서슬 퍼런 날카로움도 있어야 한다. 그래야 사람대접을 받을 수 있다. 그래야 오히려 제대로 평가받는다.

인간관계란 참 복잡 다양한 것이다. 10인 10색이라니까 기준을 세우기가 간단치 않다. 쉬운 듯 힘겹고, 깊이 생각하기엔 또 그렇고 그렇다. 양면성이 있는 거다.

내가 모셨던 어떤 상사가 직원회의 때마다 강조했던 말이 언제나 내 기억에 살아 있다.

"제발 호인好人소리 듣지 마라. '좋은 사람'이라는 게 정말 좋은 건지 다시 생각해봐라. 호인 중에는 두 종류밖에 없다. 하나는 그리스도나 석가모니 같은 성자적 호인이고, 그게 아닌 나머지는 모두가 제몫을 못하는 바보 같은 호인이다.”

그분이 이 말을 수시로 강조하게 된 데는 살아오면서 절실히 느낀 인간관계의 철학이 있기 때문이다. 덕만 베풀며 호인 노릇하다 보니 결국 바보취급 당하는 현실을 발견한 것이다.

상하관계도 그렇다. 부하가 어떤 행동을 하든 그저 “좋다, 좋다” 해보라. 부하의 ‘버르장머리’가 서서히 나빠질 것이다. 나중에는 상사 알기를 우습게 알고 무시해도 좋다는 생각을 할지도 모른다. 따라서 부하를 덕으로 다스리고 리드하되 때로는 엄한 면을 보여줄 수 있어야 한다.

부부관계도 마찬가지이다. 남편이 외박을 하든 술을 퍼마시든 그저 “오냐, 오냐”해보라. 아내의 그 깊은 뜻을 깨닫고 남편 스스로가 제 길로 돌아올 확률은 대단히 낮다. 그러므로 바가지를 긁을 땐 다부지게 긁을 줄 알아야 현명한 아내다. 남편에 대해 깊은 사랑과 배려의 미덕을 발휘하는 반면에, 때로는 따질 줄 알고 다그칠 줄 알고 화낼 줄도 알아야 남편과의 관계가 궤도를 벗어나지 않는다. 이렇듯 인간관계에서는 허와 실의 양면성을 적절히 발휘하는 게 중요하다.

사람은 누구나 어느 정도의 양면성을 가지고 있다. 차가움으로만 똘똘 뭉친 사람도 없으며 따뜻하기만 한 사람도 없다. 문제는 더 차갑냐, 덜 따뜻하냐의 차이이다. 여기서 한 가지 지적해둘 것은 3한 4온 – 즉 따스함(온)이 차가움(한)보다는 좀 더 강해야 한다는 교훈이다. 허보다는 실함이 좀 더 많아야 한다는 의미도 된다. 3한 4온, 그것은 바로 허와 실이 적절히 조화를 이루는 허허실실 전략의 하나이며 인간관계에 있어서 유념해야 할 키워드이다.

참아라
- 좋은 인간관계란 참음의 결과

동서고금의 모든 성인군자들이 삶의 지혜로서 '인내'를 말한 것은 결코 우연이 아니다. 그만큼 인내하기가 어렵다는 것이기도 한 반면에 인내야말로 처세의 금과옥조임을 증명하는 것이다.

부처님은 "자신에게 욕된 일을 참고 견디는 사람에게는 결코 원수가 없으며, 언제나 마음이 편안하고 집안에도 재앙이 일어나지 않는다"고 했고, 공자는 "작은 일을 참지 못하면 큰일에 낭패한다"고 하였다.

안중근 의사는 "백 번 참으면 집안이 크게 화목하게 된다"고 했고, 인내의 달인이라고 불리는 도쿠가와 이에야스德川家康는 "참고 견딤은 무사장구無事長久의 근원이요, 노여움은 적이라 생각하라"

고 말했다. 그리고 명심보감은 "한때의 분한 것을 참으면 백 날의 근심을 면할 수 있다"고 가르친다.

리더십의 대가 블레인 리는 "훌륭한 리더가 되려면 주변 사람들과 주변에서 전개되는 상황에 대해 커다란 인내심을 가져야 한다"고 했다. 즉 인내는 처세의 황금률이며 리더에게 뿐만 아니라 모든 이에게 있어서 인간관계를 원활하게 하는 필수 덕목이다.

●● 참는 자에게 복이 있나니

어느 경찰관이 작성한 논문에 의하면 우리나라에서 일어나는 살인사건의 대부분도 결국은 한순간을 참지 못하는 '욱'하는 신경질적 기질에 그 원인이 있다고 하였다. 우리네의 '욱'하는 기질에 대하여는 이미 미국인 인류학자 오스굿Osgood이 연구하여 발표한 바가 있는데 이러한 성깔 때문에 우리의 인간관계는 항상 폭발적인 위험을 안고 있다는 것이다.

자! 우리네 기질이 조급하고 신경질적이고 '욱'하며 참지 못하는 것이라면 어떻게 해야 할 것인가? 그 기질 그대로 산다는 것은 인간관계를 삭막하게 한다는 측면에서라도 바람직한 게 못된다. 물론 세상살이에 속상한 일이 한두 가지가 아닐 것이다. 좋은 일보다 기분 나쁜 일이 더 많은 우리의 일상일지 모른다. 고해苦海라고 표현되는 세파를 헤쳐 나가자니 신경 쓸 일이 어디 한둘인가. 그렇다고 해서 부닥치는 현상마다 신경질의 발톱을 날카롭게 세워서는 절대로 원만한 인간관계를 영위할 수가 없는 것이다.

이제 그 기질을 컨트롤해야 한다. 신경질을 잡아야 한다. 좀 더 느긋해야 하고 좀 더 참을 줄 알아야 한다. 그래야 인간관계가 달라진다. 우리네의 기질적 특성을 알았다면 의식적으로 신경질을 잠재우는 노력을 기울이며 인내심을 발휘하도록 해야 한다. 인간관계는 자신의 성격이나 기질 그대로 해서 결코 원만히 되질 않는다. 성격이 참을성 없는 사람일수록 스스로 감정관리를 해서 인내할 줄 알아야 한다.

신경질을 잠재우고 보다 더 잘 참기 위해서는 일부러, 의도적으로 마음에 여유를 두고 사는 감정 컨트롤의 지혜가 필요하다. 이왕이면 보다 너그럽게, 보다 큰마음으로 살자는 이야기다.

"젠장, 누가 그걸 몰라서 짜증을 부리느냐?"고 반문하는 이도 있겠지만 결심 여하에 따라서는 못할 것도 없다. 마인드 컨트롤이라는 것은 궁극적으로 '의지력' 여하에 달려있다. 마음먹기에 따라 얼마든지 컨트롤 할 수 있다는 말이다.

사람의 마음이란 작정하기 나름이어서 자잘한 일에 시시콜콜 신경을 곤두세우면 점점 더 예민해지고 빡빡해져서 바늘 끝 들어갈 틈조차 없게 되지만, 반면에 크게 마음먹으려 들면 하해와 같이 넓어져서 웬만한 세상사는 넉넉히 받아들여 줄 수 있는 여유를 두

결국은 **인간관계**

고 살 수도 있는 것이다.

물론 한국인의 신경질은 기질적인 것이라서 그로부터 헤어나기란 결코 쉬운 일이 아니다. 그렇다 하더라도 그 기질 그대로 산다는 건 인간관계에 흠을 내기 십상일 뿐 아니라 일상의 평온함과 생활의 즐거움을 깨기 쉽다는 점에서 바람직한 게 못된다.

내가 아는 이 중에 정말 참는데 있어서 도가 튼 사람이 있다. 그는 항상 느긋하다. 모두들 흥분해서 떠들 때도 그는 빙긋이 웃을 뿐이다. 그래서인지 그의 주변엔 항상 사람이 모인다. 당연히 인간관계가 좋다. 같은 연배이면서도 때때로 형님처럼 느껴질 정도로 달관된 경지의 인내심을 발휘하는 것이다. 그가 즐겨 쓰는 말이 있다. "일체유심조一切唯心造야!" 마음에 파동이 일 때마다 그는 이 말을 소리 내어 외치곤 한다. 일체유심조 - 모든 것은 마음먹기에 달렸다. 참는 것도 마찬가지이다. 내가 보기에 그의 인내심은 그 한마디로부터 비롯되는 것 같다. 그 한마디로 그는 자극 많은 인간관계를 유유히 헤쳐 나가는 것이다.

세상은 마음대로 되지 않는다. 인간관계는 기본적으로 갈등의 관계이다. 그러니 화날 일이 한두 가지가 아니며 마음에 파동을 칠 일이 비일비재하다. 그런 상황에서 마음의 평온을 유지하며 좋은 인간관계를 유지하려면 우선은 참는 수밖에 없다. 성경의 말씀을 빌리지 않더라도 참는 자에게 복이 있는 것이다.

자기 기분대로, 자기 성깔대로 모든 것을 다 표현하고 행동하면서 어떻게 각양각색의 수많은 사람들과 좋은 관계를 맺으며 이 세상을 살 수 있을까. 그것은 불가능하다. 남들도 나름대로의 자존심이 있고 성깔이 있다. 같은 부모를 둔 형제간에도 뜻이 맞지 않아 티격태격하는 게 인간관계인데, 서로 각각인 성깔의 사람들이 한데 어울려 '화합'을 이뤄내려면 서로 양보하고 참고 인내하지 않으면 안 된다. 따라서 좋은 인간관계란 참음의 결과라고 할 수 있다.

험담과 배후주의
- 시샘과 질투를 극복할 것

"뒷담화만 하지 않아도 성인이 된다." 프란치스코 교황의 말이다. 뒤에서 남을 험하게 말하지 않는 게 그만큼 힘들다는 의미도된다. 뒷담화, 험담을 하는 것은 인간관계를 한방에 망치는 결정타가 될 수 있다. 거꾸로 험담만하지 않아도 인간관계는 일단 수준급이라 할 수 있다. 그런데 우리는 그게 힘들다. 배후주의적 발상에젖어있기 때문이다.

배후주의 발상이란 배후에서 상대를 깔아뭉개고 음해하고 해치는 발상이다. 나에게 위험한 것, 경쟁이 되거나 적이 되는 것들이 나의 앞에 있지 않고 등 뒤, 즉 배후에 있다고 생각하는 사고방식이다. 경쟁자나 적을 밖에서 찾는 것이 아니라 안에서 찾는 것이며 멀리서 구하는 것이 아니라 가까이에서 구하는 것이다.

역사적으로 보더라도 우리의 선조들은 나라 밖(전면)에서 적을 찾아 속 시원히 일전을 겨룰 생각을 하지 않고, 나라 안(배후), 그것도 궁중 속의 한 지붕 아래서 적을 찾아내어 박살을 내는데 혈안이 되다가 외침을 당하곤 했다. 조선왕조 500년의 역사를 다룬 사극에서도 절실히 느끼는 것은 바로 이 배후주의적 사고방식이다.

어쩜 그렇게도 등 뒤에서 상대방을 음해할 흉계를 꾸미는데 이골이 나 있는지. 사극을 보면 볼수록 한심한 생각이다. 이와 같은 우리의 배후주의적 발상은 불행하게도 오늘에까지 연면히 이어져 내려온다. 회사에서 승진 경쟁을 하더라도 경쟁의 상대를 널리 구하거나 다른 부서의 경쟁자를 염두에 두지 아니하고 바로 같은 부서, 그것도 입사동기와 아옹다옹한다. 물론 겉으로야 가장 친한 체하고 시침 뚝 떼지만.

이러한 배후주의적 발상이 바로 험담을 불러온다. 험담이란 전면승부의 방식이 아니라 뒤에서 음해하는 배후주의적 방식이기 때문이다. 뒤에서 남을 해치자니 결국 험담의 무기밖에 더 있겠는가 말이다. 이처럼 우리네의 험담은 그 역사적 뿌리가 깊다고 할 수 있다.

⬤ 험담의 심리적 뿌리, 시샘

험담의 역사적 뿌리가 배후주의라면 심리적 뿌리는 시샘, 질투심이다. 경험주의 철학의 대가인 프란시스 베이컨은 "질투는 모든 감정에서 가장 지속적인 것이다. 질투에는 휴일이 없다"고 말했다. 그리고 러시아의 대문호 도스토예프스키도 "감정은 절대적인 것이며, 그중에서도 질투는 가장 절대적인 감정"이라고 했는데 우리는 요즘에 들어 그 질투, 시샘이 더욱더 심해지는 것 같다.

즉, 일상의 경쟁이 치열해지고 사회가 불안정해지면서 또한 1등 제일주의를 강요하는 문화가 활개를 치는 가운데 평등주의가 무차별적으로 확산되면서 시샘의 천민화가 진행되고 시샘에 관한 심리적 억제선과 자기통제가 무너지고 있다는 것이다.

그동안 시샘이나 질투라면 여성의 전유물처럼 인식되어 왔으나 그것은 여성을 비하하기 위한 오도였고, 사실은 남성들도 직장생활 등 일상의 현장에서 시샘으로 고통 받고 심지어 정신과를 찾는 경우도 적지 않다. 남자가 오히려 질투와 시샘이 심하다는 연구보고도 있다.

경쟁이 치열해지고 경제적 불안정이 가속화될수록 인간의 본성인 질투, 시샘의 감정은 더욱 노골화된다. 남자든 여자든, 이제 과거처럼 시샘을 숨기거나 억제하지 못한다. 사회의 전 영역에서 시샘을 양산하고 확대하고 있기 때문이다.

사회의 모든 분야에서 평등주의가 확산되면서 자신의 객관적인 리얼리티를 깨닫지 못한 채 나도 남만큼 돼야 한다는 집착을 갖게 됨으로써 도대체 남이 잘 되는 꼴을 못 보게 된다는 것이다.

　시샘의 사전적 의미는 자기보다 나은 사람을 시기하여 미워하는 것으로 이는 열등감의 공격적인 표출형태이다. 그런데 요즘은 시샘을 느끼지 않아도 될 사소한 영역에까지 시샘을 하고, 심지어 약자나 부하에 대해서도 질투를 한다는 것이다. 그래서 우리사회가 더욱 삭막해지고 인간관계가 으스스해지고 있다. 물론 질투나 시샘 자체가 꼭 나쁜 것만은 아니다. 시샘의 밑바탕에는 열등감이 있는데 이 열등감은 사람을 움직이는 원동력이다. 따라서 질투가 없으면 발전도 없다고 할 수 있다.

　문제는 자신의 열등감 - 시샘이 상대를 헐뜯고 음해하고 망하기를 바라는 험담으로 투사된다는 점이다. 그래서는 곤란하다. 그래가지고 인간관계에 절대 성공할 수 없다. 좋은 인간관계는 시샘을 뛰어넘을 때 가능하게 된다. 시샘을 뛰어넘어야 험담의 유혹을 극복할 수 있기 때문이다.

　마음먹기에 따라서는 질투를 자기발전의 원동력이 되게 할 수도 있다. 시샘은 경쟁심리를 유발해 시샘의 대상을 닮고자 노력하게 만든다. 그래서 성공한 사람이라는 영광의 호칭은 따지고 보면 '시샘을 잘 이겨낸 사람'의 다른 표현일 수도 있다는 것이다. 따라서 시샘에 어떻게 대응하고 극복하느냐가 중요하다. 당신은 어떻게 시샘과 질투를 극복하고 험담문화를 뛰어넘을 것인지 생각해 보자. 인간관계 성공의 길이 보일 것이다.

시샘·험담을 극복하는 법
– 장점목록 만들기

　시샘과 험담을 극복하는 방법에는 두 가지가 있다. 회피하거나 정면대응이다. 회피란 시샘이나 험담의 상황이 발생하면 의도적으로 그런 감정을 털어내는 방법이다. 즉, 잊어버리는 것이다. 머리를 설레설레 흔들어서라도 그런 유혹을 빨리 털어 버리는 것이 좋다. 그것을 떨쳐내지 못하고 자기 자신을 시샘과 험담의 노예로 만들어서는 안 된다.

　당신이 신이 아닌 이상 '사촌이 땅을 사면 배가 아플 것'이다. 이웃이 잘 되면 시샘의 감정이 솟구치는 것은 어쩌면 당연한 감정이라 할 것이다. 인간의 본성이다. 질투심이 없다면 사람이라 할 수 없다.

그러나 시샘과 질투의 감정이 마음속에 오래 머물지 못하도록 생각을 빨리 정리하고 잊으려는 노력은 얼마든지 의도적으로 할 수 있을 것이다. 그럼으로써 시샘의 감정을 털어내고 험담의 수렁을 벗어날 수 있게 된다.

◕◕◕ 시샘과 험담에 정면대응하기

시샘과 험담을 능동적으로 극복하는 요령은 정면대응이다. 즉, 험담의 뿌리는 시샘이기에 시샘에 정면으로 도전하는 것이다. 정면으로 도전한다는 것은 시샘을 자기발전의 건전한 자극으로 승화시키는 것을 의미한다. 물론 그것은 말처럼 쉬운 일이 아니다. 생각으로는 시샘을 다스려야 한다고 하면서도 정작 남을 시기하고 미워하고 험담하고 배 아파하는 감정의 노예가 되는 것이 바로 인간이기 때문이다. 그러나 해야 한다. 어려운 것이기에 극복해야만 한다.

시샘을 건전한 자극으로 승화시키는 방법에 대하여 전문가들의 대답은 한결같다. "어렵더라도 시샘을 통해 자기를 발전시키고자 하는 노력을 의도적으로 하는 수밖에 다른 방법이 없다"는 것이다. 먼저 자신을 객관화하고 이상은 낮추면서 현실을 높이라는 것이다.

시샘을 한다는 것은 상대의 행동을 많이 관찰하고 평가했다는 뜻이다. 그러므로 여기서 한 단계만 더 나가면 된다. 남의 뛰어난 능력을 진심으로 부러워하고, 그 격차를 따라잡기 위해 노력하고 결국 비교대상과 동일한 수준으로 오르거나 능가했을 때 시샘은 자연스럽게 사라질 것이다. 이것이 정면대응법이다.

질투심에서 한 발짝 더 나아가 상대의 장점을 긍정적으로 인식하는 과정은 훈련과 노력으로써 가능하다. 그런 마음가짐의 훈련은 저마다의 성격에 맞춰 자기 나름의 방법을 개발하는 수밖에 없다.

그 방법의 하나가 자신이 질투하는 대상이 과연 어떤 장점들이 있는지를 훑어보는 상대의 '장점목록 만들기'이다. 상대를 분석하는 과정에서 저절로 자기 스스로를 분석하는 부수 효과를 얻을 수 있기 때문이다. 상대와 나를 객관적으로 비교하면서 자연스럽게 현실적이고 가능한 목표를 세울 수 있을 것이다. 그럼으로써 당신은 질투, 시샘을 뛰어넘게 된다.

시샘과 험담을 극복하지 못하면 결국 자기파괴에 이르고 만다. 시샘과 험담을 훌훌 털고 그로부터 자유로워짐으로써 당신은 인간관계로부터 자유로워질 수 있다. 시샘과 험담의 극복 - 이것이야말로 자기수양의 기본이자 인간관계 개선의 첫걸음이라 할 것이다.

칭찬의 마력
- 인간의 심리적 메커니즘

인간경영 분야에 기념비적 업적을 남긴 데일 카네기는 그의 『인간관계론』에서 사람을 다루는 기본적인 기술 3가지 중 제1을 '남에 대한 비난이나 비평을 하지 말라'고 했으며, 2번째 원칙으로 '솔직하고 진지하게 칭찬하라'고 했다.

머슬로우는 사람의 욕구를 '생리적 욕구', '안전의 욕구', '친화의 욕구', '자존의 욕구', '자기실현의 욕구'라는 5단계로 나누어 설명하고 있다. 하지만 그중에서도 사람들로부터 인정받고 싶고 존경받고 싶어 하는 자존의 욕구는 가장 중심적인 욕구라고 할 수 있다.

심리학자 윌리엄 제임스는 "인간성에 있어서 가장 심오한 원칙은 다른 사람의 인정을 받으려는 갈망"이라고 하였다. 사람의 욕구에 대하여 연구한 하츠백도 '인정받고 싶다'거나 '성취감을 얻기 위해서'라는 정신적 욕구가 충족될 때 가장 의욕이 높아진다고 말하였다. 즉, 사람은 다른 사람으로부터 인정받기를 간절히 바라고 있으며, 그것이 충족될 때 깊은 만족감을 느끼며 다른 과제를 향한 의욕도 생겨난다. 그리고 이 욕구를 충족시켜준 상대방을 깊이 신뢰하게 되는 것이다.

이처럼, 사람들에게서 인정을 받으려고 하는 자존의 욕구를 충족시켜주는 가장 유용한 수단의 하나가 칭찬이다. 그래서 "사람을 움직이려면 그 사람을 칭찬하라"는 말이 있는 것이다. 그만큼 칭찬은 중요하다. 칭찬은 불량아를 모범생으로 만들고 문제 있는 부하를 충직한 부하로 탈바꿈시키며, 갈등의 인간관계를 상호존중과 호감의 인간관계로 변화시킨다.

미국 노스캐롤라이나 주에서 행해진 한 연구에 의하면, 칭찬에 대하여 세 가지로 요약되는데 첫째, 긍정적인 평가(칭찬)를 한 사람에 대하여 사람들은 매우 호의적인 반응을 보인다는 것, 둘째, 칭찬의 의도가 어떤 도움을 얻기 위해서라는 것이 명백할 때에도 사람들은 호의적으로 본다는 것, 셋째, 칭찬은 그 평가의 진실여부에 관계없이 효과적이었다는 것이다. 즉, 진실에 바탕을 둔 칭찬만큼, 아부를 위해 의도적으로 꾸며진 칭찬도 칭찬자에 대한 호의적인 반응을 도출하였던 것이다. 칭찬의 위력이란 그런 것이다.

칭찬의 말은 상대방의 기분을 좋게 하고 인간관계를 더욱 돈독하게 만든다. 나폴레옹은 칭찬받기를 싫어했던 사람으로 유명하다. 그런 그에게 어느 날 부하 한 명이 이렇게 말했다.

"저는 각하를 대단히 존경합니다. 그 이유는 칭찬듣기를 싫어하는 각하의 성품이 마음에 들기 때문입니다." 이 말을 들은 나폴레옹은 몹시 흐뭇해했다고 한다. 역시 나폴레옹도 인간이었다. 인간은 누구나 칭찬에 약하기 때문이다.

전설적인 자동차 판매왕 조 지라드는 칭찬이 사람을 사로잡을 수 있는 가장 강력한 수단이라는 점에 착안하여 이 세상에서 가장 위대한 세일즈맨이 된 사람이다. 그는 인간의 본성에 관한 매우 중요한 사실을 깨닫고 있었는데 그것은 우리가 칭찬에 너무도 굶주려 있다는 점이었다. 그에 의하면, 칭찬하는 이유가 상대방의 행동을 조작하기 위한 것이라는 것이 분명히 드러나는 경우를 제외하고, 사람들은 칭찬하는 말을 진실이라고 믿는 경향이 있으며 비록 칭찬이 명백한 사탕발림일지라도 그러한 말을 하는 사람을 좋아한다는 것이다.

영국의 소설가 서머셋 모옴W.S. Maugham은 "사람들은 당신에게 비평을 원하지만 사실은 칭찬 받고 싶어 할 뿐이다"라고 하였다.

어떤 이들은 칭찬보다 고언苦言을 부탁한다. 찬사보다는 충고를 듣고 싶다고 한다. 물론, 진심인 경우도 없지는 않을 것이나 대부분은 위선이다. 겉으로는 "충고 고맙네" 하지만 마음 밑바닥에서는 "짜식, 네가 뭘 안다고?"하는 감정이 부글거린다. 오죽하면, 친구를 오래 사귀기 위해서는 충고를 삼가라는 처세술의 금언이 있겠는가.

사람들은 부추겨 주는 말을 좋아한다. 칭찬에 '헬렐레' 하는 것은 남녀노소가 마찬가지이다. 어떤 심리학 교수가 칭찬의 위력에 대하여 시험을 하였다. 키가 작은 교수에게 학생을 접근시켜 "선생님을 처음 뵈었을 땐 키가 퍽 작으시다고 생각했는데, 여러 번 뵈니 결코 작은 키가 아니십니다"라고 만날 때마다 추켜올렸다. 그리고 나중에 그 키 작은 교수의 심리상태를 알아본 결과, "녀석, 괜히 듣기 좋은 소릴 하는구나"라고 생각은 하면서도 기분은 매우 좋더라는 것이다. 그래서 그 심리학 교수는, 칭찬이란 어떤 경우에도 먹혀 들어가도록 되어있다는 결론을 내렸다. 아마 그래서, 때로는 상상을 초월한 아부마저 그 위력을 발휘하게 되는지도 모를 일이다.

우리는 "각하! 시원하시겠습니다"를 대표적인 아첨의 말로 꼽

결국은 인간관계

는다(대통령이 방귀를 뀌자 어떤 각료가 했다는 말이다). 그리고 어떻게 그런 말을 듣고도 가만히 있었는지를 의아하게 생각한다. 나 같으면 궁둥이로 입을 뭉개 놓았을 것 같은데 말이다. 그러나 인간의 메커니즘은 그것이 통하도록 되어 있다. 칭찬이나 아부에 약하게 되어 있는 게 인간이다.

여기에서 아부나 아첨 예찬론을 펴는 것은 아니다. 인간의 심리적 메커니즘이 저 정도인 줄을 안다면 정당한 칭찬마저 인색할 이유가 없음을 강조하기 위해서이다.

◐ 칭찬에 인색하지 말라

강철왕 앤드루 카네기에 의해 미국 실업계에서 최초로 연봉 1백만 달러를 받는 CEO로 채용되었던 찰스 슈와브는 사람을 다루는데 귀재였다. 그는 이렇게 말했다.

"사람들로부터 그들 최고의 가능성을 개발케 하는 방법은 격려입니다. 상사로부터 비판을 듣는 것만큼 인간의 향상심을 해치는 것은 없습니다. 나는 결코 누구도 비판하지 않습니다. 나는 칭찬하려고 노력하고 결점을 들추어내는 것을 싫어합니다. 그 사람이 한 일이 마음에 들면 진심으로 찬사를 보내고 아낌없이 칭찬을 합니다."

우리는 흔히 칭찬과 아부를 혼동한다. 찬사와 아첨에 착각을 일으킨다. 그래서 어떤 이는 칭찬인 체 아부를 해대며, 어떤 이는 아부인 것 같아서 칭찬을 못한다. 물론 전자를 경멸한다. 칭찬인 체 아부를 해대는 그런 속물들이야 여기서 논할 가치조차 없을 뿐 아니라, 그것은 언젠가 인간적 밑바닥을 내보이게 마련이라 오히려 자기 관리에 치명타를 입게 될 것이다.

문제는 정당한 칭찬마저 하지 못한다는데 있다. 칭찬을 해주자니 왠지 낯이 간지럽다. 주위 사람들이 간사스럽다고 할지 모르겠다. 이러다가 '아부꾼'이라는 별명이 붙는 게 아닌가 조심스러울 것이다. 칭찬을 해주자니 상대방이 우쭐해 하는 모습이 눈꼴사나워서 아예 입을 다물지도 모른다. 그러니 속으로는 감탄을 하면서도 겉으로는 시큰둥한 표정이요, 꿀 먹은 벙어리다.

그래가지고 인간관계를 잘할 수는 없다. 칭찬은 칭찬일 뿐이다. 낯간지러울 것도 없고 간사스럽게 생각할 것도 없다. 잘난 것은 잘난 대로, 좋은 것은 좋은 대로 자연스럽게 말해 주면 된다. 그러나 그 결과는 엄청나다. 찬사는 말의 꽃다발과 같아서 당신이 가벼운 마음으로 보낸 그 꽃다발을 상대방은 오래오래 기억한다. 그만큼 칭찬은 상대방에게 강렬하게 인상지어진다.

그뿐 아니라, 칭찬의 말을 통하여 상대는 마음의 문을 활짝 열고 당신에게 접근할 것이며 당신에게 호감을 갖고 당신과의 만남을 즐거워 한다. 자기를 존중해주고 칭찬해주는 것은 누구나 좋아하기 때문이다. 그래서 칭찬결핍증은 있어도 칭찬과잉증은 없다지 않던가.

그 어떤 논리 정연한 말도 칭찬 한마디를 당해내지 못한다. 친구나 이웃과의 관계는 논리적 관계 이전에 마음의 교류에 의한 감정적 관계이기 때문이다. 칭찬을 아끼지 마라. 칭찬에 인색하지 마라. 화끈하게 칭찬하라. 그러면 인간관계에 새로운 지평이 열린다.

칭찬에 대하여 또 하나 생각할 것은 간접칭찬에 관한 것이다. 칭찬의 말은 가까운 사람보다는 그다지 가깝지 않은 사람, 전혀 모르는 제3자로부터 들을 때 보다 효과를 발휘한다. 객관성과 신뢰성이 늘어나 설득력이 높아지기 때문이다. 이런 사실로부터 사람을 움직이고 사람의 마음을 유도하는 칭찬의 심리테크닉을 배울 수 있다. 바로 '제3자를 통해 칭찬하는' 방법이다.

당신이 상대방에게 직접 칭찬의 말을 건네는 것이 아니라 상대방과 친한 사람에게 그의 장점을 들어 칭찬했다고 하자. 그러면 얼마 지나지 않아 자연스럽게 그의 귀에 그 칭찬이 들어가게 된다. 이쯤되면 어떻게 될까?

"아니, 그 친구가 그런 말을?" 의외의 칭찬에 기분이 좋아진 상대방은 당신에게 호의와 신뢰감을 갖게 된다. 이렇게 상대와 얼굴을 마주치지 않으면서도 상대의 심리를 장악하는 것이 가능하다는 말이다. 즉, 다른 사람의 험담을 하는 대신 칭찬을 해보라. 언젠가 그의 귀에 들어갈 것이요 당신은 매우 호감 가는 사람이 될 것이다.

칭찬의 기술

심리학자 린다와 아론슨Linda&Aronson이 칭찬에 대한 실험을 했다. 피실험자가 자신에 대해 다른 사람들끼리 나누는 이야기를 들을 수 있도록 상황을 설정한다. 그리고 그 사람들에 대해서 어떤 인상을 갖게 되는가를 조사했다. 대화의 내용은 다음과 같은 4가지이다.

1)처음부터 끝까지 칭찬으로 일관한다. 2)처음부터 끝까지 욕(험담)을 해댄다. 3)처음에는 욕(험담)을 하지만 나중에는 칭찬한다. 4)처음에는 칭찬하지만 나중에는 욕(험담)을 한다.

이 4가지 경우를 비교한 결과, 피실험자가 가장 호감을 갖게 되는 것은 세 번째인 '나중에 칭찬하는 것'이었다. 반대로 가장 나쁜 이미지를 갖게 되는 것은 네 번째의 '나중에 욕하는' 경우이다. 즉, 일단 비난을 했다가 이후에 그것을 뒤집는 칭찬이 처음부터 끝까지 칭찬으로 일관하는 것보다 오히려 효과가 크다는 것이다. 그러므로 직장 내에서 당신과 좀 서먹한 관계에 있는 사람이 있을 때는 점점 더 사이를 멀리 할 게 아니라 생각을 크게 바꿔 이제부터라도 그의 장점을 발견하고 진심으로 칭찬을 해보라. 금세 인간관계가 달라질 것이다.

결국은 인간관계

자기혁신이란 이런 것
– 험담가에서 칭찬가로

"나는 어떤 사람에 대해서도 나쁜 점을 이야기하지 않는다. 그리고 모든 사람들의 좋은 점에 대해서만 이야기한다." 이것은 벤자민 프랭클린의 말이다. 이 말로만 판단하면 그는 대단한 '칭찬가' 같지만 원래부터 그랬던 것은 아니다. 그도 젊었을 때는 분별 없이 남을 비난하고 따지기를 좋아한 사람이었다. 그러나 그는 친구로부터 충고를 듣고는 그 못된 버릇을 고쳤다. 그리고는 미국 역사상 가장 유능하고 온화하며, 뛰어난 외교적 수완과 능숙하게 사람을 다루는 기술을 가진 사람이 되었다. 그래서 그가 훌륭한 것이다. 자기를 변화시켰기 때문이다. 그의 비결을 들어보자.

"나는 다른 사람의 기분을 그 자리에서 무시하고, 또 내 기분만 적극적으로 주장하던 일들을 모두 삼가기로 작정했습니다. 심지어 '확실히'나 '의심할 나위 없이' 등등의 말과 같이 단정적인 생각을 표현하는 말이나 글은 모두 쓰지 않기로 했습니다. 그 대신에 '… 라고 생각합니다'나 '… 라고 여겨집니다' 혹은 '…인 것 같습니다' 아니면 '현재로서는 이렇게 생각합니다' 등의 말을 쓰기로 했습니다. 나는 누군가가 잘못된 주장을 하더라도 통명스런 태도로 그를 억박지르지 않았습니다. 그리고 그의 제안이 엉터리라는 것을 그 자리에서 당장 밝히는 일도 삼갔습니다. 그 대신 나는 그의 생각이 어떤 경우에는 옳을지도 모르나 현재 내 생각은 조금 다르다고 대답했습니다. 얼마 지나지 않아서 나는 내 태도의 변화가 많은 이익을 준다는 것을 알았습니다. 내가 처음에는 성격을 죽여가면서 취했던 이런 태도가 곧 익숙해져서 나는 아마 거의 50년 동안 독선적인 말을 한 적이 없었던 것 같습니다."

인간관계를 생각하는 사람이라면 꼭 명심할 충고이다.

◼◼◼ 링컨에게서 배우기

미국의 가장 위대한 대통령 링컨은 어떠했을까. 그 역시 젊은 시절에는 남을 비평하기 좋아했을 뿐만 아니라, 사람들을 조롱하는 편지나 시를 써서 사람들의 눈에 잘 보이도록 길거리에 뿌리고 다녔을 정도였다. 그러한 편지 중에는 어떤 사람이 평생을 두고 링컨에 대해 증오를 가지게 한 것도 있었다. '그토록 위대한 링컨이?'라고 믿어지지 않겠지만 사실이다.

그러한 그가 1842년 가을 제임스 쉴즈라는 정치가를 비방함으로써 결국 목숨을 건 결투를 하기에 이른다. 주위사람들의 중재로 결투는 성사되지 않았지만 이 충격적인 사건 이후 링컨의 인간관계는 180도 달라졌다. 그 뒤로 링컨은 어떤 일이 있어도 남을 모욕하거나 비웃거나 비판하지 않았다는 것이다. 링컨의 위대함은 바로 이런 점에서도 발견할 수 있다(데일 카네기의 『인간관계론』에서).

보통의 인간이라면 누구나 남을 비판하고 험담하는 유혹을 뿌리치기 힘들다. 그것은 어쩌면 인간의 본성일지도 모른다. 그래서 젊은 시절에 험담가 아닌 사람을 찾아보기 힘들다. 그러나 세상살이의 연륜이 쌓이고 인품이 성숙해질수록 비난이나 험담의 늪을 벗어나 칭찬과 격려의 위력을 깨닫게 된다. 그것이 인간관계 개선의 첩경임을 절감하게 되는 것이다.

이제, 칭찬 잘 하는 사람으로 거듭나도록 하자. 지금까지 험담가의 범위에 속해 있었다면 과감히 그 버릇을 던져버리고 칭찬가가 되도록 하자. 프랭클린도 링컨도 처음에는 험담가였다. 그러나 그들은 칭찬의 위력을 깨닫고 그대로 실천하여 훌륭한 인물이 되었다.

보통사람과 위대한 인물의 차이는 사실 별 것 아닐지 모른다. 아주 작은 것이라도 세상살이의 원칙을 철저히 실천하는 사람은 위대한 인물이 되고 그 원칙을 저버리는 사람은 결국 범인의 틀을 벗어나지 못하는 것이다.

인간관계가 좋은 사람과 나쁜 사람의 차이도 결국은 간발의 차이에 불과하다. 인간관계의 원칙을 지키느냐 아니냐의 차이인 것이다. 정녕 인간관계를 제대로 하고자 하는 바람이 있다면 자기를 변화시키자. 바꾸자. 그리하여 험담과 칭찬의 법칙을 제대로 익혀 실천하도록 하자.

경청하기
– '듣기'의 넓은 의미를 깨닫자

인간관계는 거의 대부분 대화로 이뤄진다. 대면대화든 간접대화든 말이다. '대화'라면 흔히 '말하기'를 떠올리게 되는데 그에 못지않게 듣기가 중요하다. 그것도 그냥 '듣기'가 아니라 '경청'이다. 특히 소통을 커뮤니케이션(의사소통)의 영역으로 다루는 사람들은 이 부분에 정성을 쏟는다. 그래서 경청하는 요령을 심도 있게 가르친다. 자고로 '이청득심以聽得心'이라고 했다. 즉 귀를 기울여 잘 들어야 사람의 마음을 얻을 수 있다는 이야기다. 즉 사람의 마음을 얻고 싶으면 경청하라는 말이다. 그 경청의 요령이란 대략 이런 것이다(일단 배워두자. 손해날 것은 없으니까).

- 우선 말하는 것을 멈춰라,

- 시선을 마주쳐라,

- 상대방으로 하여금 당신이 듣기를 원하고 있음을 보여줘라,

- 주의를 산만하게 하는 요소를 제거하라,

- 감정이입을 하라,

- 인내심을 갖고 들어라,

- 논쟁은 피하라,

- 화를 내지 마라,

- 가끔 질문하여 상대의 이야기를 잘 듣고 있음을 나타내라,

- 우호적인 자세를 취하라 등등.

심지어 1분 동안 말할 때 2분 동안 들어주고 3번 이상 긍정적인 맞장구를 치라는 식의 세밀한 조언까지 등장한다. 이런 요령을 볼 때마다 나는 좀 유치하다는 생각이 든다. 우습기까지 하다. 진정한 소통이 무엇인지, 왜 경청이 중요한 것인지 따위의 본질이 퇴색하고 요령만 몸에 익힌 얍삽한 사람이 떠오르기도 한다.

물론 그런 요령을 실천함으로써 상대로 하여금 더 많은 말을 하게 하는 것은 좋은 일이다. 문제는 성과다. 듣기는 들었는데 그 이후는? 그것이 핵심이다. 말한 사람의 의견이 제대로 전달됐는지, 공감하였는지, 그리고 결과적으로 어떻게 반영되었는지, 그래서

말하는 사람이 목적하는 바가 해결됐는지가 경청의 핵심이라는 말이다. 듣기는 잘 들었는데 결과는 그대로인, 하나도 바뀌지 않았다면 그게 무슨 경청이고 대화인가.

●● 경청의 의미가 주는 교훈

경청은 기울 경傾과 들을 청聽으로 되어 있다. 귀를 기울여 잘 듣는다는 의미다. 들을 '聽'자를 파자하면 耳 + 王 + 十 + 目 + 一 + 心 로 분해가 된다. 그래서 스토리를 잘 만드는 사람들은 이렇게 해석하기도 한다. "왕(王)처럼 큰 귀(耳)를 열고, 열 개(十)의 눈(目)으로 상대를 보듯이 진지한 눈빛으로, 그리고 하나(一) 된 마음(心)으로 즉, 진심으로 듣는 것이 바로 聽"이라는 것이다. 한문이란 원래 '뜻이 조합된 글'이니까 어쩌면 정말 그렇게 탄생한 글자일지도 모르겠다.

어쨌거나 경청은 그냥 듣는 것이 아니라 심혈을 기울여 듣는 것이다. 왜 심혈을 기울여 들어야 하는가? 귀가 잘 안 들려서? 그게 아니다. 상대의 의도를 파악하고 그 의도대로 따라주기 위해 경청하라는 것이다. 한자 사전을 찾아보라. 聽에는 '허락한다'는 의미도 있다. 그러니까 경청은 그냥 듣는 것이 아니라 화자話者의 요구를 받아들여 허락한다는 숨은 뜻이 있다.

'듣는다'는 뜻의 대표적인 영어표현은 '히어링hearing'과 '리스닝listening'이다. 히어링은 귀에 들려오는 소리를 그냥 듣는 것이다. 반면에 리스닝은 의식을 집중해 정보를 모으며 분석적 · 공감적으로 듣는 것이다. 관심을 갖고 집중해서 듣는 것이요, 화자의 뜻이 무엇인지 이해하기 위해 마음을 기울여 듣는 것이다. 즉 '경청'의 의미다.

우리말에는 히어링과 리스닝의 구분이 없이 그냥 '듣다' 하나다. 그런데 '듣다'에는 여러 가지 뜻이 포함된다. 사전을 찾아보라. '귀로 느껴 알다'는 기본적인 의미 외에도 '효험을 발휘하다' '잘 따르다' '이해하고 받아들이다'의 의미가 있다. 예를 들어 "이 약은 감기에 잘 듣는다"라고 할 때의 '듣다'는 효험을 말하는 것이다. "그 사람은 부모님 말씀을 잘 듣는다"고 할 때의 '듣다'는 단순히 부모님의 말을 단순히 귀로 받아들여 안다는 것이 아니라 부모님의 의도를 이해하고 마음으로 받아들여 그대로 실행한다는 의미가 된다. 다시 말해서 우리의 '듣다'에는 '히어링'과 더불어 '리스닝'도 포함될 뿐 아니라, 화자의 의도를 받아들이고 실행에 옮기는 성과창출의 의미까지 있다는 말이다. 즉, 경청 - 듣는 것은 단순히 소리를 받아들이는데 의미가 있는 것이 아니라 효험이 있고 성과가 있어야 한다. 그래야 진정한 경청이 되고 소통이 되어 사람의 마음을 얻을 수 있게 된다. 그럼으로써 바람직한 인간관계를 형성하는 것이다(나의 책 『소통의 원리』에서).

지금은 전화시대
- 인맥관리의 90%

'지금'을 규정하는 표현은 많다. 지금은 인터넷시대라고도 하고 SNS시대라고도 한다. 여성의 시대라고도 하고 노인의 시대라고도 한다. 어느 방송사의 인기 프로에는 '지금은 라디오 시대'라는 것도 있다. 각자의 관심사와 입장에 따라 달라질 수밖에 없다. 그런 측면에서 또 다른 규정을 한다면 '지금은 전화의 시대'라고 말하고 싶다.

예전에는 상상도 할 수 없던 풍경이 눈앞에 벌어지고 있다. 불과 30여년 전만해도 전화는 집안의 '보물'같은 존재였다. 한동네에 전화가 있는 집이 몇 집 안됐으니까. 우리 집에 처음 전화가 개통되던 날, 아내는 첫 통화를 위해 회사에 있는 나에게 전화를 걸어왔는데 '남북한 간의 통화'만큼이나 감격적(?)이었던 기억이 난다. 그런데 요즘은 어떤가? 말 그대로 '휴대폰'이다. 항상 휴대하며 언제 어디서든 정보를 얻고 일을 처리할 수 있는 '유비쿼터스ubiquitous' 그 자체다.

인맥관리의 가장 좋은 방법이 '직접 만나는 것'임은 두말할 필요도 없다. 그러나 사람을 직접 만난다는 것이 쉬운 일인가? 세상은 넓고 할 일은 많은데 직접 만남으로써 관리할 수 있는 인맥이 얼마나 될 것인가?

거리상으로 한계가 있고 시간과 경제적으로도 한계가 있다. 한 사람이 1년 365일 8,760시간 동안에 직접 만날 수 있는 사람은 그렇게 많지 않다. 그렇다고 일은 하지 않고 하루 종일 인맥만 관리하며 살 수도 없는 것이다. 따라서 시도 때도 없이 사람과 연결할 수 있는 '문명의 이기', 전화를 화끈하게 사용할 것을 권한다.

요즘의 전화는 그 기능이 무궁무진해서 직접통화나 문자메시지 발송뿐만 아니라, 인맥관리 비서역할을 톡톡히 해낸다. 인맥관리전용 애플리케이션이 있어서 그것을 실행하고 통화한 사람에 대한 여러 가지 정보를 입력하면 그에게서 전화가 왔을 때 기존에 입력된 정보가 노출돼 대단히 편리하며, 전화를 끊으면 자동으로 프로그램이 실행돼 메모를 입력할 수 있어서 항상 최근 사항으로 인맥관리를 할 수 있게 해준다. 뿐만 아니라 일간·주간·월간 별로 가장 통화를 많이 한 사람의 통계를 확인할 수 있는 등, 효율적인 인맥관리의 필수품이라 할 수 있다.

또한 얼마 전까지만 해도 윗사람에게 문자메시지를 보내면 '버르장머리 없는' 것이 됐지만 이제는 세상이 달라졌다. 사병이 사령관에게 카카오톡 등 문자메시지를 보내는 상황이며 그것을 '소통'이라는 이름으로 쾌히 받아들이는 세상이다. 결혼청첩도 전화의 문자메시지로 하고, 상을 당했을 때의 부고는 당연히 문자메시지다. 따라서 인맥관리는 절대적으로 전화를 활용하는 게 요령이고 지혜다.

⬤ 콜포비아를 극복하기

얼마 전, TV를 보니까 연예계에서 인맥관리를 잘하는 것으로 소문난 차승원 씨가 자신의 인맥관리 노하우는 "사람들에게 줄기차게 전화를 거는 것"이라 말하고 있었다. 옳고 맞는 말이다. 참고하고 본받을 일이다.

상황이 이런데 콜 포비아Call Phobia(전화 공포증)를 갖고 있다면 어떻게 되는 건가. '잡코리아'가 '알바몬'과 함께 진행한 조사에 따르면 성인남녀의 46.5%가 콜 포비아를 겪고 있다고 답했다. 또한 취업포털 커리어의 설문조사에 따르면 직장인의 91%가 전화 공포증에 공감하는 것으로 나타났다.

전화 통화를 어려워하는 이유로는 '말실수를 할까봐(53.9%)', '말을 잘 못해서(26.8%)', '문자·카카오톡·메일 등 글로 의사소통하는 것에 익숙해서(15.4%)' 등의 답변이 나왔다.

이런 현상은 신세대로 갈수록 점점 더 강화되고 있다. '대학내일 20대연구소'에 따르면 X세대는 61%가 전화 통화를, 39%가 문자·메시지를 선호했지만 Z세대는 67%가 문자·메시지를, 33%가 전화 통화를 선호하는 것으로 나타났다.

미국 온라인 상담 센터 조이어블Joyable의 질 이젠스타트 대표는 "상호작용에 대한 두려움 때문에 콜 포비아가 발생한다"고 분석했다(파이낸셜뉴스, 2020.8.23., "전화 통화가 무서워요" 혹시 콜 포비아?). 메시지는 생각을 하면서 답장을 할 수 있지만 전화는 생각할 틈 없이 즉각적으로 반응해야 하기 때문에 힘겨움을 느끼게 된다는 것이다.

그럼 콜 포비아는 어떻게 극복할 것인가. 조이어블은 전화 공포증을 겪는 사람들에게 '절대 두렵지 않은 상황이다'라는 것을 계속해서 떠올리라고 조언한다. 결론치고는 되게 싱겁다.

간단하다. 그냥 전화를 걸면 된다. '말실수를 할까봐(53.9%)', '말을 잘 못해서(26.8%)' 전전긍긍할 필요가 없다. 당신이 전화를 걸어온 상대에게 그런 느낌을 받은 적이 있던가. 마찬가지로 당신의 평소 화술대로 말하면 그뿐이다. 인맥관리에 있어서는 말을 잘하고 못하고가 아니다. 전화를 한다는 자체가 중요하고 필요한 것이다.

그래도 전화를 피하고 싶다고? 정 그렇다면 문자 메시지로라도 수시로 접촉할 수밖에 없다. 하여튼 전화소통을 최대한 시도할지어다.

이름을 잘 활용하라
- 이름의 위력

이름. "한 사람에 대한 그 어떤 정보보다도 이름 석 자가 더 중요하다"는 말이 있다. 사람을 잘 사귀어 인맥을 만들기 위해서는 여러 가지 노력이 필요하다. 그중의 하나가 상대방의 이름을 잘 기억하는 일이다. '이름을 불러줘라' - 이것은 친밀한 인간관계 형성의 기본이다. 그만큼 세상살이와 인간관계에서 이름은 중요하다. 인간관계의 고수들을 보면 하나 같이 이름을 잘 활용했음을 알 수 있다.

이와 관련해 모델로 삼아야 할 사람으로 미국의 26대 대통령이었던 시어도어 루스벨트 대통령을 꼽는다. 그는 스스로 '타인의 마음을 얻기 위한 10가지 원칙'을 만들어 실천했는데 그중의 첫째가

결국은 인간관계

바로 이름에 관한 것이다.

"첫째, 남의 이름을 익히는데 숙달되도록 한다. 이름을 기억하지 못하면 그 사람에게 관심이 없다는 뜻이 되므로 새로운 사람을 만나면 그 사람의 이름을 익히는데 신경 써라."

그 정도로 이름에 '심취'해 있었다. 그렇게 이름에 대한 기준이 명확한 만큼 루스벨트 대통령은 이름에 얽힌 에피소드가 많다. 후임자였던 태프트 대통령 재임 시에 그가 백악관을 방문한 적이 있다. 그런데 그는 대통령 재임 시에 일하던 고용인들의 이름을 한 사람도 빠짐없이 기억하고 이름을 부르며 친근하게 인사를 나누었다. 그 자리에 함께 있던 아르키 퍼트는 이렇게 회고하고 있다.

"주방에서 일하는 앨리스를 만나자 그분은 여전히 옥수수 빵을 굽고 있는지 물었습니다. 앨리스가 가끔 아랫사람끼리 먹기 위해 구울 뿐, 다른 사람들은 먹지 않는다고 대답하자 그는 큰소리로 이렇게 말했습니다. '아직 앨리스의 옥수수 빵 맛을 모르는 모양이군. 내가 대통령을 만나면 이야기하지.' 그리고는 앨리스가 내놓은 옥수수 빵을 한 쪽 집어 들고 맛을 보며 대통령 집무실 쪽으로 갔는데, 가는 도중에 정원사나 기타 고용인들을 만나면 전과 다름없이 다정하게 이름을 불러주며 이야기를 나누셨죠." 40년 동안이나 백악관의 수석 집사를 지낸 아이크 후버는 감격의 눈물까지 흘렸단다.

루스벨트의 선거참모로 나중에 장관까지 지낸 짐 팔리는 무려 5만 명의 이름을 외웠다고 한다. 이거야말로 '믿거나 말거나'다. 그 대통령에 그 참모다. 그는 새로운 사람을 만날 때마다 그 사람의 이름, 가족, 하고 있는 일, 그리고 정치적 견해 등을 알아내고는 그것을 마음속에 그림을 그리듯이 새겨 두는 방식으로 기억했다. 그리고는 다음번에 만날 때 악수를 나누면서 그에 관한 이야기를 함으로써 상대방을 감격케 했던 것이다. 그는 그런 노력으로, 루스벨트가 대통령이 되는데 큰 공을 세웠다.

⬤ 이름을 잘 기억하는 사람의 강점

인간관계에서 상대방의 이름을 기억하는 일은 매우 중요하다. '매우 중요하다'는 것은 역설적으로 사람의 이름을 잘 기억하는 사람이 많지 않다는 것을 의미하기도 한다.

루스벨트나 팔리처럼 이름을 잘 기억하는 사람도 있지만 이름 기억에 매우 둔한 사람도 있다. 아니, 대부분의 사람들이 그렇다. 요즘은 세상이 매우 복잡해서 젊은이들조차 상당한 건망증에 시달린다. 그러기에 다른 사람의 이름을 기억한다는 게 간단한 일이 아니다. 그래서 많은 이들은, 사람을 기억하는 것을 천부적인 재능으로 돌리는 경향이 있다. 물론, 사람의 이름을 잘 기억하는 탁월한 능력을 가진 사람이 없지 않다. 그러나 노력으로도 얼마든지 극복할 수 있는 일이다. 내가 아는 사람 중에도 이 분야에 발군의 실력을 발휘하는 이가 있는데, 알고 보면 명함이나 메모를 통해 줄기차게 외우는 노력을 한다는 사실이다.

나폴레옹 3세는 소개받은 사람의 이름을 모조리 외우고 있었다는데 그가 사용한 방법을 보면 천부적 재능이 아니라 노력에 의한 것임을 짐작하게 한다. 그는 상대의 이름을 분명하게 알아듣지 못했을 때는 "죄송하지만, 다시 한 번 말씀해 주십시오"라고 부탁하며, 만일 그의 이름이 생소하면 "어떻게 쓰는지 가르쳐 달라"고 묻는 등, 깊은 인상을 갖도록 했다. 그리고 대화를 나누는 동안에도 몇 번이고 상대의 얼굴과 표정, 모습 등과 함께 상대의 이름을 연상하며 머릿속에 기억하도록 힘썼다. 만일 상대가 중요한 인물인 경우 더욱 고심하며, 상대와 헤어지고 나서도 그의 이름을 계속해 외웠다고 한다.

우리는, 사람이 어느 분야에서 수준 이상의 경지에 도달하면 '도가 텄다'는 말을 한다. 그 경지를 보통사람들은 이해하기 어렵다.

'도가 텄다'는 것은 무엇인가. 하루아침에 신들리듯 도인이 되는 경우도 있으나, 거의 대부분은 하루하루의 피나는 노력을 통해 남이 따라오기 힘든 탁월한 경지에 다다르게 되는 것이다. '도가 트고'나면 그 다음부터는 아주 쉽게 그 재능이 발휘된다. 그런데 사람들은 도가 틀 때까지의 과정은 도외시하고 도가 튼 이후의 결과만을 보고 '천부적 재능' 운운하는 경우가 대부분이다.

이름외우기도 마찬가지이다. 하루 이틀 해보고 "나는 안 되겠다"고 포기해서는 안 된다. 이 세상에 쉬운 일이 어디 있는가. 에머슨의 말대로, "좋은 습관은 약간의 희생을 지불함으로써 만들어지는 것"이다.

조급히 생각 말고 오늘부터 만나는 사람들의 이름을 관심을 갖고 집중적으로 외워보라. '도가 트이게'되면 지금으로서는 도저히 가능할 것 같지 않던 새로운 경지를 체험하게 될 것이다. 그리고 인간관계의 신천지가 전개될 것이다. 문제는 노력이다.

사람의 이름을 기억하는 법

0. 사람을 얼굴 따로 이름 따로 아는 경우가 많다. 얼굴과 이름을 연결지어 함께 기억하도록 하라.

0. 자기 자신에게 강력한 암시를 줄 것. "나는 이 사람의 이름을 기억하길 원한다. 반드시 기억할 것이다"라고 함으로써 생각을 머릿속에 있는 기억중추에 저장하는 것이다.

0. 평소 사람을 기억하는데 관심을 기울일 것. 만나보고 그냥 지나치는 게 아니라 그 사람에 관한 정보를 떠올리며 수시로 생각해야 한다.

0. 이름을 정확히 기억할 것. 소개 받았을 때 이름을 확실히 해둘 것. 잘못 들은 것 같다면 "죄송하지만 성함을 한자로 어떻게 쓰십니까?" "어떤 특별한 뜻이 있습니까?"라고 물어서 확인하는 게 매너다. "본관이 어떻게 되십니까" 또는 "어디 '박씨'입니까?" "시조가 어떻게 됩니까?"라고 묻는 경우가 있는데, 요새는 그런 질문은 결례다. 왜냐면 상대방이 그것을 모를 수 있어 당황하게 하고 난처하게 할 수 있기 때문이다.

0. 명함을 최대한 활용할 것. 인사를 나누고 난 후, 명함의 여백에 그 사람의 생김새에서부터 특징, 정보 등을 기록하고 그것을 활용해 수시로 기억을 보강해야 한다.

0. 상대방과 인사를 나누고 대화를 하는 동안에 마음속으로 그의 이름을 반복해 볼 것. '이영자'라고 소개 받았다면 마음속으로 '이영자, 이영자, 이영자'를 반복한다. 이름을 꼭 기억하겠다고 다짐하면서.

0. 꼭 관리해야 할 사람, 중요한 사람에 대해서는 별도의 명단을 만들어놓고 수시로 반복해 이름기억을 시도할 것. 심리학 실험에 의하면 한꺼번에 어떤 것을 외우려 하는 것보다는 약간의 간격을 두고 외운다면 2배 이상 잘 외울 수 있다고 한다. 만약 당신이 어떤 것을 기억하기 위해 앉은 자리에서 1시간을 보낸다면 기억력은 잠재능력의 약 50% 정도밖에 발휘하지 못한다. 그러나 3일 동안 10분씩 반복함으로써 한 시간에 외울 수 있는 양만큼 외울 수 있다. 자주 반복하는 것이 그만큼 중요하다.

- 나의 책, 『황당매너 51』

궁합
– 노력해도 안 된다면 끊어라

궁합宮合. 혼인할 남녀의 사주를 오행에 맞추어 보아 부부로서
의 좋고 나쁨을 알아보는 점을 말한다. 그러나 요즘은 '음식궁합'
'사업궁합'이라는 말도 있고, 직장에서 상사와 부하간의 관계를
말하는 '상하궁합'도 있다.

이처럼 혼인할 남녀뿐만 아니라 모든 사람 사이에는 궁합이 있
다. 21세기에 무슨 '궁합'이냐고 할지 모르지만, 사람과 사람 사이
에는 말로 설명하기 힘든 '관계와 어울림의 미묘함'이 있게 마련이
다. 쉽게 말해서 어떤 사람은 그냥 좋은데 어떤 사람은 그냥 싫다.

'주러 와도 미운 놈 있고, 받으러 와도 고운 사람 있다'는 속담
이 있다. 상식적으로는 뭔가 주러오는 사람이 당연히 예쁘고 호감

이 가야 하며 반대로 받으러 오는 사람이 싫고 미워야 맞다. 그러나 사람에 따라 다르다는 것이다.

왜 그런 일이 벌어질까? 그건 설명이 불가능하다. 원래 사람을 좋아하고 미워하는 감정이란 이치로 따져서는 알 수 없는 묘한 구석이 있다. 물론 정확한 이유가 있어서 사람이 좋기도 하고 싫기도 한 경우도 많다. 그러나 이유 없이 어떤 사람은 좋고 어떤 사람은 싫은 경우 또한 적지 않다. 이건 심리학에서도 규명이 되지 않는 분야다. 바로 그것을 얼버무릴 수 있는 말이 궁합이다.

'주러 와도 미운 놈'은 궁합이 맞지 않는 것이요 '받으러 와도 고운사람'은 궁합이 맞는 것이다. 원래 사람이란 그렇다. 사람마다 다르다. 그러기에 내게는 나쁜 사람도 다른 사람에게는 좋은 사람이 될 수 있고 다른 사람으로부터 밉보인 사람도 내게는 좋을 수 있는 것이다.

원래 심리학적으로 지금까지 풀리지 않는 것의 하나가 바로 '좋음과 싫음'의 감정이다. 왜 저 사람이 싫은 거지? 왜 저 사람이 좋지? 그것을 이치적으로 설명하려는 사람은 바보다.

어떤 사람은 배우 김태희 씨 같은 사람을 좋아하고 어떤 사람은 개그우먼 박경림 씨 같은 사람을 좋아한다. 김태희 씨 보다 오히려 박경림 씨에게 친구가 더 많은 것으로 알려져 있다. 박경림 씨의 별칭이 '인맥의 여왕'이라고 하지 않는가.

TV의 토크쇼 따위를 보면 사회자가 출연자에게 이런 질문을 하는 경우가 있다. "왜, 그 사람을 사랑하세요?" 그러면 출연자는 자기가 그를 사랑하는 이유를 구구절절 설명하려 애쓴다. 성격이 맞다든가, 얼굴이 예쁘다든가. 그러나 그것을 묻는 사람도 멍청하고 물음에 답하는 사람도 답답하다. 그냥 '그 사람이기에' 사랑하는 것이다. 그리고 사랑하기에 성격이 맞는 것 같고 얼굴이 예쁘게 보인다. 이런 것을 궁여지책으로 간단명료하게 설명할 수 있는 게 바로 궁합이다.

◑ 끊을 건 끊고 버릴 건 버려야

살면서 궁합이 맞지 않는 사람을 만나는 것은 스트레스다. 그런 사람과는 함께 하기가 매우 힘들다. 나도 궁합이 맞지 않는 상사와 일해본 적이 있다. 이상하게 처음부터 그냥 싫었다. (물론 그도 나를 무척 싫어했을 것이다) 이래서는 안 되겠다 싶어(내가 부하였으니까) 마음을 바꿔 예쁘게(?) 보이려고 뭔가 도모하면 이상하게도 일이 꼬여서 오히려 오해를 사는 일로 변하는 것이었다. 일을 풀려고 하면 꼬이는 것이다. 그런 일이 여러 번 반복되자 엄청난 스트레스로 다가왔다. 나중에는 심각한 과민성위장병을 앓을 정도가 됐다.

나는 깊이 생각했다. 그리고 결단했다. 그와의 관계를 끊어버리기로. 벌써 오랜 세월이 흘렀지만 지금도 그와는 상면하려고 하지 않는다. 피차 마주보는 것 자체가 스트레스니까. 사실 꼼꼼히 따져보면 그렇게 싫어할 이유가 없다. 그가 비인격자라든가 그런 것은 아니다. 나쁜 사람은 더더욱 아니다. 그런데 그렇게 됐다. 이유를 찾기 어렵기에 그냥 '궁합이 안 맞는다'고 생각한다.

인맥형성을 위해 여러모로 노력은 하되 궁합이 맞지 않아 함께하기 어려운 사람을 만난다면 딱 끊는 게 좋다. 그러기를 권한다. 세상에 사람이 한두 사람뿐인가? 뭐 대단한 인맥을 만들겠다고 속을 부글거리면서까지 관계에 연연할 필요는 없다. 사람은 많고도 많다. 궁합이 맞는 사람과 관계를 맺어도 넘치고 넘치는데 코드가 맞지 않는 사람까지 억지로 사귀려고 마음고생을 할 까닭이 없다.

노력해도 안 되는 사람, 궁합이 맞지 않는 상대라고 판단되면 주저 없이 버리는 것도 인맥관리의 한 방법이다.

한바탕 붙어보자
- '싸움' '다툼'은 이렇게

인간관계를 이어가다보면 갈등이 증폭되는 경우가 있다. 갈등이 어느 한계를 넘어서면 교과서적 이론으로는 해결이 어렵게 된다. 손뼉도 마주쳐야 소리가 나고, 백지장도 맞들어야 낫다고 했는데, 상대방이 독선적, 일방적이거나 또는 갈등해결을 회피함으로써 당신만의 노력으로 해결의 기미가 보이지 않는 경우가 있을 것이다. 이때, 최후적으로 동원될 수 있는 갈등해결의 방법이 '싸움'이다. 한바탕 붙어보는 것이다. 이는 마치 국가 간의 갈등을 전쟁으로 해결하는 것과 같다. 상사건, 동료건, 야무지게 언쟁을 벌임으로써 정면 돌파를 시도하는 것이다.

원수지간이 아닌 한 직장에서의 다툼은 반드시 해결의 종착점이 있게 마련이다. '진작 싸울걸'하고 후회될 만큼, 다툼으로 인하여 갈등의 원천이 빠르게 제거되고 인간관계가 성큼 좋아질 수가 있다. 단, 그런 '싸움'에는 반드시 지켜야 할 룰과 요령이 있음을 명심해야 한다.

● 무의미한 말싸움은 피한다

인간관계의 갈등해결을 위한 싸움이라면 제대로, 확실히 해야 한다. 티격태격, 괜한 말싸움으로 오히려 갈등을 증폭시키는 경우가 많은데 바보 같은 짓이다.

사람들이 저지르는 잘못의 하나는 논리로써 상대방을 제압하려 한다는 점이다. 특히 똑똑하다는 사람일수록 논쟁하기를 좋아한다. 그들은 대단히 논리적이고 머리회전이 빨라서 대개의 경우 논리싸움(논쟁)에서 승리한다. 그러나 '논쟁에서의 승리'란 과연 무엇을 의미하는가. 그것은 '인간관계의 패배'를 뜻할 수 있다. 사람은 누구나 지는 것을 싫어한다. 자기 자신이 우월한 사람으로 대접받고자 한다. 그러므로 논리싸움에서 진다는 것은 자존심 상하는 일이요 우월감에 상처를 받는 일이다.

논쟁에서 공동승리Win-Win란 기대하기 힘들다. 결국 어느 한쪽이 이기거나 무승부로 끝날 것이다. 논쟁에서 진 사람은 열등감을 느끼거나 자존심을 상하여 분개하게 된다. 반면에 이긴 사람은 속으로 쾌재를 부를지 모르나 좋아하지 마시라.

　논쟁은 그 내용이 별 것 아닌 경우가 대부분이다. 시시한 것들이다. 그런 싸움에 이겨서 무엇 하겠는가. 기분만 좋을 뿐이지 잃는 게 많다. 그래서 "논쟁은 이겼다 해도 진 것"이라는 말이 있다.

　"논쟁을 벌이거나 반박을 하고 있는 동안에는 상대에게 이기는 듯한 느낌이 들 것이다. 그러나 그것은 성과 없는 승리다. 상대방의 호의는 절대로 얻을 수 없으니까." 벤자민 프랭클린의 말이다. "논쟁의 눈부신 승리와 상대의 호의를 얻는 것은 절대로 양립할 수 없다"고 인간관계의 대가인 데일 카네기는 말했다. 그래서 링컨은 "자기에게 약간의 정당성이 있다고 생각되더라도 작은 일에는 양보하는 것이 좋다"고 처세의 지혜를 귀띔하였다.

　싸움이 갈등해결을 위한 것이라면 한번 해볼 만하다. 그러나 인간간의 갈등은 논리적인 문제가 아니라 감정적인 것이다. 그것을 모르고 싸움 같지도 않은 무의미한 논리싸움으로 서로를 피곤하게 하고 갈등을 심화시켜서는 안 된다.

◐ 자제력을 잃지 않는다

　싸우려면 다부지게 싸워야 한다. 그러나 지켜야 할 첫 가이드라인은 이성을 잃지 않아야 한다는 것이다.

　미국의 《상담과 임상심리학》이라는 잡지에 소개된 것을 보면,

자제력을 잃지 않으면서 감정을 적당히 표출시킬 수 있는 건전한 부부싸움은 결혼생활에 큰 활력소가 된다고 하였다. 이런 진단은 직장생활의 갈등해결에도 적용이 가능하다. 여기서 주목해야 할 것은 '자제력을 잃지 않으면서…'라는 전제가 있다는 것이다. 싸움의 순기능을 인정하기는 하되 지켜야 할 선이 있다는 말이다.

갈등으로 인하여 상사 또는 동료와 다툼을 벌일 때는, 어떻게 하면 가장 완벽한 논리, 가장 결정적인 말로 상대를 제압할 것인가를 생각하게 된다. 거기에다 부글거리는 감정의 격렬함이 상승작용을 일으켜 '해서는 안 될 말'을 내뱉기 십상이다.

신체적 모욕, 집안 내력의 들먹임 등 갈등의 근원과는 관계없는 결정적인 말 한마디로 더 큰 갈등을 잉태하게 된다. 대개의 경우 '해서는 안 될 말'이란 싸움의 본질과는 관계가 없는 것이고, 관계가 없기에 상대방을 더 노엽고 가슴 아프게 하여 풀리지 않는 응어리가 된다.

갈등해소를 위한 언쟁은, 갈등을 확실히 부각시키고 아울러 그 갈등에 대해 당신이 어떤 입장을 취하고 있는지를 분명하게 상대에게 전달함으로써 소기의 성과를 거두는 것이다. 따라서 언쟁은 대충 그럭저럭 끝내야지 절대적 승리를 도모해서는 안 된다. 그것은 절대적 후회를 몰고 오게 될 것이다.

언쟁은 갈등해결의 마지막 수단이다. 그러나 어떤 경우라도 '마지막 말'을 던져서는 안 됨을 잊지 말라. 그것이 싸움의 룰이다.

● 싸우고 난 이후가 문제다

갈등 해결의 마지막 수단으로 '싸움'을 택할 수 있다. 싸움을 통하여 갈등을 화끈하게 풀 수 있는 것이다. 그러나 그 수단이 '싸움'이었다는데 주목해야 한다.

부부나 가족 간의 싸움은 '칼로 물 베기'이다(요즘은 '칼로 무 베기'라고 한다. 싸움은 결국 파국을 몰고 온다는 말이다). 극한적인 다툼이 아닌 한 그럭저럭 묻혀 버리게 마련이다. 그러나 직장에서의 다툼은 그렇게 단순하지 않다. 언쟁을 통하여 당면했던 갈등은 해소될 것이다. 그러나 아무리 조심스런 언쟁이었고 또한 화끈하게 풀었다 하더라도 뭔가 섭섭한 앙금이 남기 십상이다. 상대가 덜 성숙된 인격의 소유자일수록 더할 것이다.

만약 상대가 상사였다면, 갈등의 원인 제공을 자기가 했더라도 부하가 자기에게 대들고 싸움을 걸어왔다는 사실만으로도 불쾌하게 생각할 게 뻔하다.

"오죽했으면 부하가 나에게 저럴까?" 하고 공자 같은 생각을 하는 상사란 현실적으로 만나기 어렵다. 따라서 직장에서의 다툼은 최소화하여야 하며 불가피한 경우에만 선택하여야 한다. 당신이 상습적인 '싸움꾼'으로 평판이 나는 날에는 직장 생활이 힘들게 된다.

또한 어쩔 수 없이 다툼이 있었을 때는 확실하고 화끈하게 풀어야 한다. 그리고 그 이후의 언행에 각별히 조심해야 한다. 우리 속담에 '싸우고 난 뒤 더 친해진다' 거나 '비온 후에 땅이 굳는다'는 말이 있는 반면, 서양의 속담에는 '화해한 뒤의 친구는 악마 대하듯 조심하라', '화해한 뒤의 친구는 이중의 적'이라는 말이 있다. 어느 쪽이 맞다고 생각하는가.

싸움이 있은 이후에, 당신은 우리 속담이 맞도록 처신하라. 그러나 상대방은 서양 속담이 맞게 행동할 것이라고 믿는 게 좋다.

바람직한 인간관계를 위하여
- 자기혁신을 위한 덕목 10

　자, 이제 인간관계론을 마무리하면서 당신에게 마지막으로 권할 것은 자기혁신이다. 당신을 혁신하지 않고는 책을 덮으면서 본래의 자기로 돌아갈 것이다. 사람은 30대가 되면 이미 고착된 '자기'를 형성한다. 변할 만큼 다 변했다고 할 수 있으며, 40대가 되면 '자기 얼굴에 스스로 책임을 져야'할 정도가 된다. 따라서 자기개혁 - 셀프 이노베이션Self Innovation이 말처럼 쉽게 이루어지는 것은 아니다. 그러나 뜻이 있으면 길이 있고 두드리면 열릴 것이다. 도약과 변신을 위해 자기개혁을 하려고만 하면 못할 것도 없는 것이다. 문제는 뜻이요, 결심이다.

　다음의 덕목을 마음에 담고 꾸준히 실천해나가면 머지않아 변화된 스스로를 발견할 수 있을 것이다.

(1) 이대로는 안 된다.

당신이 보다 더 크게 성장하려면 '결코 이대로는 안 된다'는 굳은 신념을 가져야 한다. 현재의 당신 모습, 처지, 실상은 지금까지 당신이 살아온 방식의 총체적 결과이다. 앞으로도 계속 그런 식으로 살아가면서 자기변신을 희망한다면 말이 되지 않는 것이다.

(2) 자신을 현실적으로 파악한다.

좋은 학벌, 잘생긴 용모, 뛰어난 머리 등등, 객관적인 조건이 특출함에도 불구하고 인간관계에 있어서는 오히려 애로를 겪는 사람이 의외로 많다. 인간관계는 사람과 사람사이의 관계이다. 따라서 남들이 자신을 어떻게 보는가를 현실적으로 파악해야 한다. 그러기 위해서는 이론이 아니라, 남들과 어울려 지내는 과정을 통하여 남들이 당신을 어떻게 대하고 있는지 그 실상을 예민하게 검토하여야 한다. 상대방이 당신을 어떻게 대하느냐 하는 것은 곧 당신의 언행에 대한 반응이다. 특히 지위가 높아질수록 자기 자신을 현실적으로 잘 파악하는 능력이 자기성장의 키포인트가 된다.

(3) 자신을 정당화하려 하지 마라.

사람들은 자신에 대하여 무척 관대하고 너그럽다. 남의 잘못이나 결함은 족집게처럼 집어내어 사정없이 성토하면서도 자기의 잘못은 '사람이 그럴 수도 있는 것 아니냐.'고 통큰 소리를 하게 된다. 상사나 동료 등 타인으로부터 지적을 받거나 충고를 듣게 되면 겉으로는 고맙다고 하지만 속으로는 '짜식, 네가 뭘 안다고…', '웃기지 마라. 내 방식대로 산다'는 등의 거부반응이 부글거리게 된다.

이래가지고는 자기성장과 변혁은 공염불이 되고 만다. 절대로 변명의 사고방식에 빠져서는 안 된다. 자신을 정당화하려 하지 말고 타인의 비판을 겸허히 받아들여야 한다.

⬤⬤ 항상 반성하고 개선하기

(4) 항상 반성하고 개선하라.

반성할 줄 아는 사람 – 그러한 인간이야말로 가장 인간다운 인간이다. 성현의 말을 빌리지 않더라도 사람은 누구나 잘못을 저지를 수 있으며 결함을 가지고 있다. 문제는 같은 잘못을 되풀이하지 않으려 하고 결함을 고치려 하는 노력을 하느냐 아니냐이다.

항상 반성하고 개선하려는 마음가짐이 중요하다. 자기변혁은 하루아침에 이루어지지 않는다. 부단한 자기성찰과 끊임없는 개선에 의하여 한 겹 한 겹 쌓아 올려지는 것이다.

(5) 내 탓이요, 내 탓이요.

나타난 현상에 대한 해답은 결국 '나'에게서 찾아야 한다. 타인에게서 해답을 찾으려고 하는 한 해답은 발견할지언정 결코 자기혁신에 도달할 수가 없게 된다. 모든 게 '내 탓이다'는 생각을 가지고 나의 변화를 통해 상대방을 변화시키고 상황을 변화시킨다는 큰마음으로 문제에 접근해야 한다.

(6) 변신의 고통을 감수하라.

편하게 살기만을 생각한다면 지금 방식 그대로 사는 게 손쉬울지 모른다. 그러나 자기변혁을 꿈꾼다면 그에 따르는 고통을 새로 태어남의 대가로서 기쁘게 받아들여야 한다. '이 세상에 공짜는 없다'는 단순하지만 명쾌한 논리를 믿어야 한다. In-put이 없으면 Out-put 역시 있을 수 없는 것이다.

(7) 뚜렷한 소망을 가질 것.

무엇이 자기혁신에 따른 고통을 이기게 하는가. 그것은 목표에 대한 뚜렷한 소망 때문이다. 확실한 목표는 자신을 깨우쳐 주는 자명종이요, 가야 할 먼 길을 비춰주는 등대이다. 따라서 미래에 대한 소망과 긍정적인 자화상을 그리며 목표를 향해 전진해야 한다. 성공은 성공을 확신하는 사람에게 다가오며, 미래는 미래를 꿈꾸는 사람에게 열린다.

(8) 원칙에 충실하라.

아무리 세상이 혼탁하고 제멋대로인 것 같아도 자기성취를 이루려면 원리원칙에 대한 충실함과 삶에 대한 진지함이 반드시 있어야 한다. 원리대로 살아가는 방식이 무미건조하게 느껴지고 원칙에 충실한 인간관계가 답답한 것 같아도 최후의 승리는 사술이나 술수가 아니라 원리원칙에 있음을 확신하고 원칙에 충실한 인간관계를 형성해나가야 한다.

(9) 마음의 브레이크Brake를 제거하라.

자기변혁을 꿈꾸다가도 가끔은 '젠장, 될 대로 되라'는 자포자기의 심정이 될 수 있다. '짧은 세상, 마음 닿는 대로 몸 가는 대로 물처럼 바람처럼 살자'는 허무주의에 빠질 수도 있다. 당신이 가는 길에 가끔씩 나타나는 마음의 브레이크를 스스로 제거하면서 목표를 향해 꾸준히 나가야 한다. 그래야 인간관계의 신천지가 전개될 수 있을 것이다.

(10) 지금 행동할 것.

미루지 마라. 바로 지금이 장래를 결정하는 출발점이자 종착점이다. 늦었다고 생각되는 때가 가장 빠른 때라고 하지 않던가. 자기를 변혁해야 하겠다고 마음먹은 이상, 지금 곧Now 행동에 옮겨라.

생각을 바꿔보자
- 나는 과연 좋은 인맥인가?

미국 하버드대 재학생과 보스턴 빈민가 청년들 중 누가 더 행복하고 건강한 삶을 누리게 될까? 1938년 이 질문을 던졌던 하버드대 연구팀은 이후 현재까지 85년 동안 이들의 삶을 추적한 끝에 답을 얻었다. 해답은 의외로 간단했다.

"행복은 부, 명예, 학벌이 아닌 '관계'에 있다. 놀라운 것은 좋은 인간관계가 행복뿐 아니라 신체적 건강에까지 영향을 준다는 사실이다. 50대일 때 인간관계에서 가장 만족도가 높았던 사람들이 80대에 가장 건강한 사람들이었다."

미국 역사상 인간의 삶에 대한 최장기 연구 프로젝트인 '하버드대 성인발달 연구'의 4번째 책임자로서 2002년부터 20여 년간이 연구를 이끌고 있는 로버트 월딩어 교수의 말이다. 결국은 인간관계라는 이야기다(동아일보, 2023. 1. 2).

*

　인터넷의 발달과 더불어 세상은 점점 더 삭막해질 것이다. 가상현실이 진짜현실이 되면 더욱 그럴 것이다. 인간관계가 그만큼 황폐화되는 것을 의미한다. 그것은 역설적으로 따뜻한 인간관계를 절실히 원하는 세상이 됨을 의미한다.

　각종 조사에서 밝혀졌듯이 인간관계는 매우 중요하다. 그러기에 그것을 다룬 수많은 연구와 서책이 있다. 그러나 인간관계를 바꾸고 싶으면 무엇보다 먼저 생각을 바꿔야 한다.

　'생각을 바꾼다'는 것은 '일부러', '의도적으로'라는 의미가 포함된 것이다. 시간이 지나고 세월이 흘러도 당신의 생각이 저절로 바뀌지는 않는다. 오히려 시간이 지날수록 고착되고 굳어진다.

　만약 상사와의 사이가 좋지 않다고 하자. 그런 경우 세월이 지나면 저절로 사이가 좋아지고 관계가 두터워질 것 같은가. 천만의 말씀이다. 인간의 심리는 증폭되고 에스컬레이트 되는 습성이 있어서 한번 밉게 보고 싫어지게 되면 시간이 갈수록 더욱 그렇게 될 가능성이 높다.

　친구와의 사이도 이웃과의 관계도 마찬가지이다. 뭔가 갈등의 앙금이 있고, 인간관계가 친밀하지 못하다면 될 대로 되라고 방치

결국은 인간관계

할 것이 아니라 적극적으로 관계 개선에 나서야 한다. 그 첫 단계이자 핵심이 생각을 바꾸는 것이다.

만약 동료나 상사와 아웅다웅하는 불편한 사이라고 하자. 그러나 눈 흘기며 살게 아니라 친해지고 싶다면 당신 자신이 먼저 생각을 의식적으로 확 바꾸는 것이다.

"저 사람과 가깝게 한번 지내보자. 그러면 저 사람도 뭔가 나를 다르게 대할 것이다. 내 입장만 내세울 게 아니다. 저 사람이 먼저 나에게 한풀 꺾여 들어오기를 기다릴 게 아니라 까짓것 내가 한번 죽어주자." 이렇게 일부러 마음을 싹 바꾸고 접근해 보라. 곧 신천지가 전개될 것이다.

부부관계도 마찬가지이다. 늘 티격태격한다면, 그래서 이대로는 안 되겠다는 생각이 든다면 상대가 변하기를 기다릴 게 아니다. 오늘 당장 당신이 변하는 거다. 생각을 바꾸는 거다. 상대를 보는 시각을 180도 바꿔 보라. 부부관계가 180도 달라진다.

생긴 대로 살지 마라. 생각 가는 대로, 마음 가는 대로 살아서는 지금의 그 상황을 결코 벗어나지 못한다. 지금까지 관행적, 습관적으로 생각하던 그 사고를 과감히 유턴U-turn해 보는 것이다, 180도 아니, 90도 정도라도 사고방식의 전환을 시도해 볼 필요가 있다.

일상의 시각에서 벗어나 새로운 방향에서 인간관계를 조명해 보는 것은 의외의 충격과 신선함을 맛볼 수 있는 기회가 될 수 있다. 그동안 경험하지 못했던 전혀 새로운 세계가 눈앞에 전개될 것이다.

*

인간관계의 깊이를 더하여 좋은 인맥을 만들어보자. 인간관계와 인맥의 필요성을 절실히 느낀다면 이제 새로운 방식으로 세상을 살 필요가 있다. 인연을 소중이 여기고 인맥을 잘 만들어 활용하는 것이다.

일기일회—期—會라는 말은 원래 일본의 다도 의식에서 나온 말로 알려져 있다. 그들이 말하는 '이찌고 이찌에'는 차를 끓이고 마실 때 '바로 이 순간, 일생에 단 한 번뿐인 소중한 인연과 만남'이라고 생각하며 최선을 다하고 정성을 다해서 차를 끓인다는 것이다.

일기—期란 한 사람의 일생을 뜻하고, 일회—會는 한 번뿐인 기회를 의미한다. 마찬가지로, 사람과의 인연도 평생에 한 번뿐인 기회일지 모른다는 생각으로 접근해야 한다. 그렇게 일기일회의 정신으로 접근하면 사람을 대하는 자세가 달라지고 인연을 대하는 시각이 달라진다. 그리하여 "어리석은 사람은 인연을 만나도 인연인줄 모르고, 보통사람은 인연인줄 알고도 그것을 살리지 못하며, 현명한 사람은 소매 끝만 스쳐도 인연을 살려낸다"는 말처럼 스쳐지나가는 인연을 평생의 인맥으로 만드는 현명한 사람이 될 것이다.

결국은 인간관계

끝으로, 정성을 다해 인연을 살리고 인맥 만들기를 시도하는 것 이상으로 중요한 것이 있다. '나는 과연 누군가의 인맥이 될 만한 사람인가'라는 물음에 답하는 일이다.

인맥을 만든다는 것은 일방적인 것이 아니다. 일방적인 구애로 일시적인 인맥이 될 수는 있지만 그것의 생명은 극히 짧다. 좋은 인맥이란 상대방이 당신에게 소중한 사람임과 동시에 당신 또한 상대방에게 소중한 사람이 될 수 있을 때 가능하다. 타인으로부터 도움을 받는 것보다 당신이 남에게 도움을 줄 수 있는 사람이 돼야 하며, 타인의 배려를 기대하기보다 당신이 남에게 베풀 것이 있을 때 당신의 '인맥'은 완성되는 것이다.

진정한 인맥 만들기는 단순한 '관계'의 문제가 아니다. 당신이 타인들에게 좋은 인맥이 될 수 있도록 훌륭한 자격을 갖추는 것으로 귀결돼야 한다. 당신 자신이 인맥으로서 어떤 수준이냐에 따라 당신이 만들려고 하는 인맥의 품질이 좌우되는 것이다.

아무쪼록, 좋은 인간관계를 형성하고 좋은 인맥을 만들기 바란다. 그리하여 세상살이에서 좋은 결과를 얻기를 빈다. 그러기 위해서는 먼저 당신 자신부터 갈고 닦아야 함을 잊어서는 안 된다. 결국은 인간관계다.